LEIS ABSURDAS DO Brasil

51 QUE VOCÊ não conhecia

Dedicatória:

Dedico esse livro aos meus pais.

À minha mãe, Alair, que viu esse livro ser iniciado, mas que infelizmente nos deixou antes de sua publicação. Com ela, aprendi a me colocar no lugar dos outros, me fazendo enxergar os diversos pontos de vista existentes.

E ao meu pai, Robson, que sempre foi meu exemplo de honestidade e transparência. Com ele aprendi a correr atrás dos meus sonhos e a importância da autorresponsabilidade.

Amo vocês.

ANDRÉ COSTA

LEIS ABSURDAS DO *Brasil*

51 LEIS ABSURDAS QUE VOCÊ *não* CONHECIA

São Paulo | 2021

LVM

Impresso no Brasil, 2021

Título *Leis Absurdas do Brasil: 51 Leis Absurdas que você não conhecia*
Copyright © 2021 André Costa

Os direitos desta edição pertencem à
LVM Editora
Rua Leopoldo Couto de Magalhães Júnior, 1098, Cj. 46
04.542-001 • São Paulo, SP, Brasil
Telefax: 55 (11) 3704-3782
contato@lvmeditora.com.br • www.lvmeditora.com.br

Editor Responsável | Alex Catharino
Gerente Editorial | Giovanna Zago
Editor | Pedro Henrique Alves
Revisão ortográfica e gramatical | Márcio Scansani / Armada
Preparação dos originais | Alex Catharino & Pedro Henrique Alves
Revisão final | Giovanna Zago / Mariangela Ghizellini & Pedro Henrique Alves
Elaboração do índice | Márcio Scansani / Armada
Produção editorial | Alex Catharino
Capa e projeto gráfico | Mariangela Ghizellini
Diagramação e editoração | Rogério Salgado / Spress
Pré-impressão e impressão | Rettec Artes Gráficas e Editora Ltda

Dados Internacionais de Catalogação na Publicação (CIP)
Angélica Ilacqua CRB-8/7057

C87L	Costa, André	
	Leis absurdas : 51 leis absurdas que você não conhecia / André Costa. — São Paulo : LVM Editora, 2021.	
	250 p.	
	ISBN 978-65-86029-20-8	
	1. Direito - Brasil - Leis absurdas 2. Legislação - Brasil - Curiosidades I. Título	
21-0886		CDD 340

Índice para catálogo sistemático:
1. Direito : Leis absurdas

Reservados todos os direitos desta obra.
Proibida toda e qualquer reprodução integral desta edição por qualquer meio ou forma, seja eletrônica ou mecânica, fotocópia, gravação ou qualquer outro meio de reprodução sem permissão expressa do editor.
A reprodução parcial é permitida, desde que citada a fonte.

Esta editora empenhou-se em contatar os responsáveis pelos direitos autorais de todas as imagens e de outros materiais utilizados neste livro.
Se porventura for constatada a omissão involuntária na identificação de algum deles, dispomo-nos a efetuar, futuramente, os possíveis acertos.

SUMÁRIO

PREFÁCIO | 15 |
Rodrigo Marinho

INTRODUÇÃO | 21 |

... **PARTE I** ...
Leis inúteis

Capítulo 1
Por favor, como devo comer minha batata? | 27 |

Capítulo 2
Como transformar um prato típico em *fast-food* | 29 |

Capítulo 3
Indo ao banco para pôr a leitura em dia | 31 |

Capítulo 4
Câmara dos deputados *fashion week* | 32 |

Capítulo 5
Burocratizando o elevador – seção 1 | 34 |

Capítulo 6
Burocratizando o elevador – seção 2 | 36 |

Capítulo 7
Achado não é roubado | 37 |

Capítulo 8
Quebre os ovos sem quebrar a lei | 39 |

Capítulo 9
Punição à caridade | 40 |

Capítulo 10
Vem ler aqui fora | 41 |

... PARTE II ...
Populismo

Capítulo 11
Lei da Copa do Mundo | 47 |

Capítulo 12
Nova Semana Santa? | 49 |

Capítulo 13
Um intruso nas suas férias | 50 |

Capítulo 14
Homenagem a ex-deputados: existe | 52 |

Capítulo 15
Parabéns, você acaba de realizar uma doação | 53 |

Capítulo 16
A lei que é uma piada | 54 |

... PARTE III ...
Leis contra a iniciativa privada

Capítulo 17
Contratamos diretor recém-formado | 59 |

Capítulo 18
O bar recomendado por 9 a cada 10 dentistas | 61 |

Capítulo 19
O que o governo fez com nosso cartão de crédito? | 62 |

Capítulo 20
Oferecer esse benefício pode tornar
seu estabelecimento ilegal | 64 |

Capítulo 21
Incentivando ex-gordinhos a comerem mais | 66 |

Capítulo 22
Seu estacionamento, minhas regras | 67 |

Capítulo 23
Estou te ameaçando pro seu próprio bem | 69 |

Capítulo 24
Como esvaziar uma cidade | 70 |

Capítulo 25
Contratando serviços às cegas | 71 |

Capítulo 26
Meu cinema, minha vida | 72 |

Capítulo 27
Suspende o sal | 74 |

Capítulo 28
O barato que sai caro | 75 |

Capítulo 29
Trade-off entre banheiros e funcionários | 76 |

Capítulo 30
Duas cervejas e uma porção de camisinhas, por favor | 77 |

Capítulo 31
Não existe ingresso grátis | 78 |

... PARTE IV ...
Leis contra a melhoria de produtividade

Capítulo 32
O caderno que pode fechar o seu negócio | 83 |

Capítulo 33
Self-service proibido | 84 |

Capítulo 34
Cota de tela | 86 |

Capítulo 35
Na contramão do atendimento virtual | 87 |

Capítulo 36
Dificultando promoções | 89 |

Capítulo 37
Dança da chuva para lavar seu carro | 91 |

Capítulo 38
Outro posto de combustível? Pergunta na cidade ao lado | 92 |

Capítulo 39
Burocratizando o elevador – seção 3: o retorno | 93 |

... PARTE V ...
Leis contra a liberdade

Capítulo 40
Futebol é coisa de menino | 98 |

Capítulo 41
Quero cafééé | 100 |

Capítulo 42
101 (Menos 96) Dálmatas | 101 |

Capítulo 43
Pare de fazer piada com o governo | 102 |

Capítulo 44
Barrando o avanço na educação | 103 |

Capítulo 45
Lei Anticoxinha | 105 |

Capítulo 46
Lei Anti-Lei Anticoxinha | 107 |

Capítulo 47
Proibição de sorteios no Instagram | 108 |

Capítulo 48
Conserta-se cartazes | 109 |

Capítulo 49
Patriotismo se aprende em casa. Ou na cozinha | 110 |

Capítulo 50
Quantas pessoas podem dormir no mesmo quarto? | 111 |

Capítulo 51
Um Louvre em cada prédio | 112 |

... BÔNUS ...
Uma vez presidente, sempre presidente | 117 |

... APÊNDICE ...

Anexo 1 - Belo Horizonte-MG – Lei, Nº 8.118/2000 |121|

Anexo 2 - Bauru-SP – Lei, Nº 4.314/1998 |123|

Anexo 3 - Balneário Camboriú-SC – Lei, Nº 3.757/2015 |125|

Anexo 4 - Petrópolis-RJ – Lei, Nº 7.587/2017 |127|

Anexo 5 - Rio de Janeiro-RJ – Lei, Nº 5.292/2011 |131|

Anexo 6 - São Paulo – Lei, Nº 9.502/1997 |134|

Anexo 7 - Lei Federal, Nº 10.406/2002 |136|

Anexo 8 - Portaria CVS/SES-SP, Nº. 6/99 de 10 de Março de 1999 |138|

Anexo 9 - Vacaria-RS – Lei complementar, Nº 77/2019 |140|

Anexo 10 - São Paulo-SP – Lei, Nº 16.648/2018 |142|

Anexo 11 - Lei Federal, Nº 12.663/2012 |146|

Anexo 12 - Pelotas-RS – Lei, Nº 6.501/2017 |149|

Anexo 13 - Mato Grosso do Sul – Lei, Nº 2.405/2002 |150|

Anexo 14 - Acre – Lei, Nº 1.391/2001 |153|

Anexo 15 - Acre – Lei, Nº 13.669/2018 |155|

Anexo 16 - Ceará – Lei, Nº 16.234/2017 |157|

Anexo 17 - Lei Federal, Nº 11.644/2008 |159|

Anexo 18 - Balneário Camboriú-SC – Lei, Nº 3.060 |160|

Anexo 19 - São Paulo – Lei, N° 16.120/2016 | 162 |

Anexo 20 - São Paulo – Lei, N° 11.886/2005 | 164 |

Anexo 21 - São Paulo – Lei, N° 16.270/2016 | 166 |

Anexo 22 - Balneário Camboriú-SC – Decreto, N° 9.578/2019 | 169 |

Anexo 23 - Aparecida de Goiânia-GO – Lei Municipal, N° 3.462 | 171 |

Anexo 24 - Marília-SP – Lei, N° 7.119/2010 | 173 |

Anexo 25 - Resolução CFN, N°599/2018 | 177 |

Anexo 26 - Código Brasileiro do Consumidor –
Lei, N° 8.078/1990 | 180 |

Anexo 27 - Belo Horizonte-MG – Lei, N° 10.982/2016 | 182 |

Anexo 28 - Belo Horizonte-MG – Lei, N° 10.994/2016 | 184 |

Anexo 29 - Caraguatatuba-SP – Lei, N° 2.364/2017 | 187 |

Anexo 30 - Distrito Federal – Lei, N° 6.148/2018 | 189 |

Anexo 31 - Belo Horizonte-MG – Lei Municipal, N° 10.942/2016 | 191 |

Anexo 32 - Rio de Janeiro – Lei, N° 6.613/2013 | 193 |

Anexo 33 - Distrito Federal – Lei, N° 9.956/2000 | 200 |

Anexo 34 - Medida Provisória, N° 2.228-1/2001 | 202 |

Anexo 35 - São Paulo – Lei, N° 16.726/2018 | 204 |

Anexo 36 - São Paulo – Lei, N° 15.854/2015 | 206 |

Anexo 37 - Amazonas – Lei, N° 4.779/2019 | 209 |

Anexo 38 - Matinhos-PR – Lei, N° 1.960/2018 | 212 |

Anexo 39 - Rio de Janeiro-RJ – Lei, N° 1.626/1990 | 214 |

Anexo 40 - Decreto Federal, N° 3.199/1941 | 216 |

Anexo 41 - São Paulo – Lei, N° 10.297/1999 | 218 |

Anexo 42 - Fortaleza - CE – Lei, N° 8.966/2005 | 220 |

Anexo 43 - Lei Eleitoral, N° 9.504/1997 | 222 |

Anexo 44 - Rio Grande do Sul – Lei, N° 12.884/2008 | 225 |

Anexo 45 - Minas Gerais – Lei, N° 18.372/2009 | 226 |

Anexo 46 - Rio Grande do Sul – Lei, N° 15.347/2019 | 228 |

Anexo 47 - Portaria - N° 422/2013 | 229 |

Anexo 48 - Pouso Alegre-MG – Lei, N° 3.306/1997 | 232 |

Anexo 49 - Manaus-AM – Lei, N° 1.208/1975 | 235 |

Anexo 50 - Governador Celso Ramos-SC – Lei, N° 1.331/2019 | 237 |

Anexo 51 - Porto Alegre-RS – Lei N° 10.036/2006 | 239 |

Anexo 52 - Lei Federal, N° 7.464/1986 | 242 |

Epílogo | 244 |

Índice | 249 |

PREFÁCIO

..... **PREFÁCIO** .....
O Brasil e a Sociedade de Desconfiança

Rodrigo Marinho

Em 1995, Alain Peyrefitte (1925-1999) escreveu a brilhante obra *Sociedade de Confiança*, em que ele demonstrava que uma sociedade somente conseguiria evoluir caso houvesse confiança entre os mais diferentes *players*.

O Brasil sofre de um grave problema de segurança pública, porém sofre de um problema ainda maior de insegurança jurídica, e a causa disso é a quantidade absurda e muitas vezes contraditória de leis que temos atualmente.

O historiador e político romano Tácito (56-120) afirmava durante o Império Romano que "quanto mais corrupto o Estado, maior o número de leis". Ayn Rand (1905-1982) afirmou o seguinte no livro *A Revolta de Atlas*:

> – O senhor realmente pensava que a gente queria que essas leis fossem observadas? – indagou o dr. Ferris. – Nós queremos que sejam desrespeitadas. É melhor o senhor entender direitinho que não somos escoteiros, não vivemos numa época de gestos nobres. Queremos é poder e estamos jogando para valer. Vocês estão jogando de brincadeira, mas nós sabemos como é que se joga o jogo, e é melhor o senhor aprender. É impossível governar homens honestos.

O único poder que qualquer governo tem é o de reprimir os criminosos. Bem, então, se não temos criminosos o bastante, o jeito é criá-los. E fazer leis que proíbem tanta coisa que se torna impossível viver sem violar alguma. Quem vai querer um país cheio de cidadãos que respeitam as leis? O que se vai ganhar com isso? Mas basta criar leis que não podem ser cumpridas nem ser objetivamente interpretadas, leis que é impossível fazer com que sejam cumpridas a rigor, e pronto! Temos um país repleto de pessoas que violam a lei, e então é só faturar em cima dos culpados. O sistema é esse, sr. Rearden, são essas as regras do jogo. E, assim que aprendê-las, vai ser muito mais fácil lidar com o senhor.

Eu acredito que num país que possui o maior livro do mundo, segundo o *Guinness World Records*, que reúne a legislação tributária estadual, municipal e federal, organizado pelo advogado mineiro Vinícius Leôncio, pesando 7,5 toneladas e 41 mil páginas, exemplifica bem o que Tácito e Ayn Rand falaram sobre o abuso legislativo.

A excelente e divertida obra de André Costa, que enquanto se lê é inevitável não lembrar do velho adágio popular de "rir para não chorar". Na obra o fundador do perfil *Leis Absurdas* apresenta 51 leis em todo país que atrapalham a vida das pessoas.

É engraçado que por muito tempo os nossos legisladores eram elogiados pelo número de leis que aprovavam, o que gerava um perverso incentivo de termos uma absurda inflação legislativa diária, prejudicando os cidadãos dos municípios, estados e União Federal.

O André chega a demonstrar em sua obra as legislações sobre os elevadores, a lei para ter coxinha e até mesmo a lei anticoxinha, apresenta uma lei que obriga prédios a adquirirem quadros, que precisam se aprovados pela prefeitura e caso o prédio venha a ser demolido o quadro passa a pertencer à prefeitura.

Nas 51 leis apresentadas, meu caro leitor, será possível acompanhar o manicômio legislativo que é o Brasil e a necessidade de diminuir a nossa absurda legislação e, por consequência, diminuir o tamanho do Estado.

Espero, que assim como eu, você se divirta e entenda a necessidade de facilitarmos todos os dias a vida dos nossos empreendedores e que se lembre bem que esse número absurdo de leis não é para fazer o bem, como demonstram o Tácito e Ayn Rand nas citações colacionadas acima. Aproveite!

INTRODUÇÃO

..... INTRODUÇÃO .....

"O único poder que qualquer governo tem é o de reprimir os criminosos. Bem, então, se não temos criminosos o bastante, o jeito é criá-los. E fazer leis que proíbam tantas coisas que se torna impossível viver sem violar alguma". A frase acima é de um dos personagens do livro *A Revolta de Atlas*, da filósofa e escritora Ayn Rand (1905-1982). Apesar de ter sido escrito há 60 anos, esse trecho é extremamente atual no contexto brasileiro. Criar leis vãs e sem sentido parece ter virado rotina dos nossos legisladores.

Atualmente, no Brasil, existem mais de 180 mil leis vigentes. Segundo estudo feito pelo Instituto Brasileiro de Planejamento e Tributação (IBPT), o Brasil já editou e publicou, desde a Constituição de 1988, mais de 5,4 milhões de textos normativos. São 769 normas por dias úteis; o estudo apontou ainda que apenas 4,13% das regras editadas não sofreram nenhuma mudança. A prática mais comum são alterações na legislação tributária. Foram 363.779 normas até 2016.

Essas constantes alterações evidenciam a arbitrariedade com que as legislações são criadas no Brasil. O escolástico espanhol Juan de Mariana (1536-1624), um dos precursores da Escola Austríaca de Economia, afirmou ainda no século XVII, que quando "as leis são muitas e em demasia, como não se podem preservar todas, nem sequer saber, a todas se perde o respeito".

Segundo o economista e jornalista francês Frédéric Bastiat (1801-1850), em seu ensaio *A Lei* (1850), a lei é a organização coletiva do direito individual de legítima defesa. Portanto, a legislação deve servir como forma de defesa do cidadão. Qualquer regulamentação, além disso, é abusiva e traz consigo o risco de se perder a liberdade e a segurança que se espera a princípio.

O mesmo Bastiat também disse, em sua obra *O que se vê e o que não se vê*, que o mau economista vê apenas os efeitos imediatos e que dizem respeito apenas a uma parcela da população. Já o bom economista observa os efeitos de longo prazo e como isso afetará toda a sociedade.

Portanto, não é incomum que, ao ser apresentado pela primeira vez a uma lei, o indivíduo não consiga enxergar as consequências futuras que essa lei pode trazer. Justamente por isso, surgiu a ideia de selecionar as leis mais absurdas do Brasil e elucidar um pouco de suas potenciais consequências. Não só isso, mas o fato de termos tantas leis no país faz com que a maioria delas passe despercebida pelas pessoas. É inviável que todo cidadão tenha conhecimento sobre todas as leis já publicadas no Brasil.

Esse livro tem como objetivo trazer à tona algumas das leis brasileiras e levar um pensamento crítico a cada uma delas.

Com isso em mente, selecionei 51 leis absurdas do Brasil, separadas em cinco categorias: leis inúteis, populismo, leis contra a iniciativa privada, leis contra a melhoria da produtividade e leis contra a liberdade.

É importante frisar que, como já levantado anteriormente, apenas cerca de 4% das regras não sofreram mudança. Portanto, no momento em que você lê esse livro, algumas dessas leis podem ter sofrido alguma alteração ou até mesmo ter sido revogadas. No entanto, todas elas estiveram vigentes por algum período.

Te convido a analisar e apreciar essas 51 pérolas que foram selecionadas. Você pode rir ou chorar, se divertir ou se enfurecer. O mais importante é que você tenha a oportunidade de conhecê-las e fazer suas próprias análises críticas.

Uma boa leitura!

..... **PARTE I** .....
Leis inúteis

> "O governo não foi construído nem por capacidade nem por exercício de cuidado amoroso; governo foi construído para o uso da força e para apelos necessariamente demagógicos por votos".
> —*Murray Rothbard.*

É fato que, quando se falam de leis existentes no Brasil, inúmeras delas podem ser categorizadas como leis inúteis, como nomes de ruas, datas comemorativas, entre outras. São leis que não trazem nenhum avanço ou benefício, mas pouco trazem também de malefícios.

Aliás, o fato de que temos um grande número de vereadores, senadores e deputados criando leis inúteis é, em si, um malefício enorme. Afinal, existe um alto custo por trás das funções desses políticos – salários, benefícios, acessores etc. Esse custo, obviamente, é pago pela população através de impostos. Segundo a ONG Transparência Brasil, por exemplo, o custo médio de um vereador no Rio de Janeiro é de R$107 mil por mês.

Portanto, sempre que alguém argumentar que leis inúteis são inofensivas, relembre o alto custo que existe para que essas leis sejam aprovadas. E, mais importante, lembre-se de que esse dinheiro está saindo do seu bolso.

..... **CAPÍTULO 1** .....

Por favor, como devo comer minha batata?

"Obrigatório informar a melhor forma de comer batata".
(Belo Horizonte-MG – Lei, N° 8.118/2000) [1]

Imagine que você está em Belo Horizonte para uma reunião, ou quem sabe para assistir a um jogo no Mineirão. Você então decide ir ao supermercado mais próximo para comprar algo para cozinhar no hotel, afinal você sabe que a refeição preparada por você sempre será economicamente vantajosa. O menu que você pensou inclui arroz, feijão (tropeiro, claro), carne e batata. Porém, ao chegar ao local, você percebe algo muito estranho, algo que te deixou boquiaberto: não há nenhuma placa ao lado das batatas para te informar qual a melhor forma de utilizá-las, se fritas ou cozidas. Você obviamente chama o gerente do estabelecimento e, ameaçando fazer um grande escândalo, exige que uma placa com essas dicas culinárias seja colocada ao lado das batatas.

Provavelmente essa situação aconteceu com um total de zero pessoas até hoje. Contudo, ela poderia muito bem ser uma situação real. Não só porque o feijão tropeiro deve, de fato, ser parte do seu cardápio quando você está em Belo Horizonte, mas pelo fato de existir uma lei que obriga estabelecimentos que comercializam batata *in natura* a colocar uma placa próxima ao produto indicando sua melhor utilização culinária.

Por algum motivo muito obscuro, imagino, os vereadores da cidade acharam que essa era uma boa ideia. A lei foi promulgada em novembro de 2000 e, até a data de publicação deste livro, segue ativa.

Poderia ser só uma situação engraçada, se não fosse triste. Os comerciantes ganham a dor de cabeça em se preocupar com mais uma burocracia, como se já não houvessem preocupações suficientes em ser um comerciante. O descumprimento da lei gera primeiramente uma advertência, para que a "irregularidade" seja sanada; se esta não for regularizada em 15 dias, há multa em dinheiro, que é aplicada com valor dobrado em caso de reincidência.

Esse é apenas um dos vários exemplos de como os comerciantes, empresários e empreendedores têm que se preocupar com questões que não estão relacionadas ao bom funcionamento da empresa, mas que são meras exigências e caprichos vindos de legisladores.

..... **CAPÍTULO 2** .....
Como transformar um prato típico em fast-food

"Maneira correta de se fazer o sanduíche Bauru".
(Bauru-SP - Lei, *Nº 4.314/1998*) [2]

Poucas características são mais marcantes do que a comida típica local de uma cidade, estado ou de um país. Algumas comidas, inclusive, levam o nome de cidades e países, como é o caso do queijo suíço, jamon ibérico, mostarda dijón, pizza napolitana, espaguete à bolonhesa, frango à parmegiana, bife à milanesa e, claro, o sanduíche Bauru.

Na tentativa de manter inalterada a receita original do sanduíche Bauru, foi criada a lei que demonstra a maneira correta de se fazer essa iguaria da culinária local. O documento conta inclusive como surgiu a receita: "[...] a origem desse sanduíche deu-se na cidade de São Paulo, precisamente no restaurante Ponto Chic, localizado no Largo do Paissandu, por iniciativa do bauruense Casemiro Pinto Neto [...]".

Em seguida, a lei explica qual o passo a passo correto para confecção do sanduíche:

> 1 – Corta-se o pão francês ao meio e retira-se o miolo da parte superior, como se fosse uma pequena canoa;
> 2 – Na metade inferior, colocam-se as fatias frias do rosbife e sal a gosto;
> 3 – Por cima, distribuem-se algumas rodelas de tomate e pepino, polvilhando com orégano a gosto;

4 – À parte, coloca-se um pouco de água numa frigideira. Quando ferver, coloca-se a mussarela a ser derretida;

5 – Retira-se a mussarela da água e coloca-se na metade da canoa da metade superior do pão, unindo-se as duas partes. O calor da mussarela vai aquecer os ingredientes da outra metade

Ao melhor estilo *fast-food*, a Câmara Municipal de Bauru criou o passo a passo para se produzir o sanduíche típico da cidade, talvez numa tentativa de franquear o município e criar outras Baurus pelo Brasil, vai entender. Fato é que a lei já é vigente desde 1998, apesar de ter uma utilidade aquém de questionável.

..... CAPÍTULO 3 .....
Indo ao banco para pôr a leitura em dia

"Obriga agências bancárias a oferecer material de leitura aos clientes".
(Balneário Camboriú-SC – Lei, *Nº 3.757/2015*) [3]

Em Balneário Camboriú, é obrigatório que agências bancárias ofereçam materiais de leitura a seus clientes.

As agências devem também priorizar os jornais e revistas de circulação local no momento de escolher esses materiais de leitura.

Além, disso, eles devem ser atualizados diariamente, semanalmente e mensalmente. Então quem aí em Balneário estiver precisando colocar a leitura em dia, recomendo ir à agência mais próxima da sua casa.

..... **CAPÍTULO 4** .....

Câmara dos deputados fashion week

"Dia do servidor público bonito esteticamente".
(Petrópolis-RJ – Lei, *N° 7.587/2017*) [4]

Em novembro de 2017, o município de Petrópolis sancionou a lei que cria o "Dia do Servidor(a) Público Municipal Bonito Esteticamente". Essa data comemorativa estabelece a realização de um concurso de beleza entre dez servidores da cidade. Um ponto extremamente importante está no Artigo 2º do texto, que estabelece que "os participantes desfilarão graciosamente". Afinal, é fundamental garantir que os servidores não desfilem de maneira sem graça.

Para ser justo, um dos objetivos da lei consistia em vender ingressos para o evento e realizar doações para instituições de caridade da cidade. O valor doado seria igual ao valor arrecadado pela venda de ingressos, descontado o valor das despesas para se realizar o evento. Quer dizer, de acordo com o texto, os vereadores não parecem muito seguros de que a realização de um evento incorre em despesas financeiras. Afinal, é mencionado no texto que "se eventualmente houver alguma despesa, será descontada dos ingressos vendidos".

O concurso teria uma atração no início e outra no intervalo, haveria premiação para os primeiros colocados, sorteio de três vale-roupas no valor de R$100, entre outras características. Mas ainda assim as despesas eram consideradas apenas como uma possibilidade.

CAPÍTULO 4 | *Câmara dos deputados fashion week*

Para felicidade de alguns e tristezas de outros – inclusive a minha, que gostaria muito de ter o privilégio de assistir a esse evento – a lei foi revogada pouco tempo depois de ser sancionada. Aparentemente, as críticas recebidas pela *internet* foram fortes o suficiente para trazer um pouco de bom senso à Câmara Municipal de Petrópolis. Se as despesas do concurso eram apenas uma possibilidade, as críticas e piadas na *internet* serão sempre uma certeza universal.

..... CAPÍTULO 5 .....
Burocratizando o elevador – seção 1

> "*Proíbe portar mochila nas costas dentro de elevadores*".
> (Rio de Janeiro-RJ – Lei, N° 5.292/2011) [5]

A tarefa de chamar um elevador, entrar, selecionar o andar desejado e sair parece simples, certo? Na realidade, não. Bem, pelo menos não para o legislativo do Rio de Janeiro. A Câmara Municipal considerou importante criar uma lei para dar algumas instruções aos que utilizam elevadores, como, por exemplo, proibir as pessoas de portar mochila nas costas dentro do elevador. O texto contém as instruções que os prédios comerciais, lojas de departamento e *shopping centers* devem seguir para evitar que esse ato aconteça.

De fato, é incômodo entrar em um elevador lotado e perceber que alguém está com aquela mochila de 15kg nas costas, ocupando um espaço que poderia ser utilizado de uma maneira melhor. Estamos diante de um grande custo de oportunidade de espaço público. Da mesma forma, é incômodo quando alguém puxa um assunto chato dentro do elevador, ou quando a pessoa do lado parece não ter tomado banho há alguns dias, ou quando alguém aperta três botões errados antes de finalmente acertar o andar, ou quando a porta ainda nem abriu e a pessoa do fundo já está pedindo licença.

Nem por isso se justifica criar uma lei para cada situação desagradável que possa acontecer em um ambiente. Se assim

CAPÍTULO 5 | *Burocratizando o elevador – seção 1*

fosse, eu poderia escrever uma nova constituição só com regras de convivência para o elevador.

Além disso, como já é de costume, a punição é direcionada para o sujeito errado. Explico. Não existe nenhuma multa para quem, de fato, entrar no elevador portando mochila nas costas. Contudo, um local que não afixar um cartaz com no mínimo sete centímetros quadrados com desenhos e dizeres a respeito dessa lei, está sujeito ao pagamento de R$1.000 em multa, que terá um acréscimo de cinquenta por cento nesse valor a cada mês em que a irregularidade não for corrigida.

..... **CAPÍTULO 6** .....

Burocratizando o elevador – seção 2

> *"Antes de entrar no elevador, verifique se o mesmo encontra-se parado neste andar".*
> (São Paulo – Lei, N° 9.502/1997) [6]

Já vimos que o governo não vê problemas em legislar sobre os menores detalhes que cercam o dia a dia da população. Isso inclui atos simples e corriqueiros como, por exemplo, portar uma mochila dentro do elevador. Mas a criação de leis para esse ambiente não acaba por aí. Há uma lei estadual de São Paulo que obriga prédios comerciais, edifícios de apartamentos e escritórios a fixar os famosos dizeres: "antes de entrar no elevador, verifique se o mesmo encontra-se parado neste andar". Essa não é uma lei exclusiva de São Paulo. Outros estados e municípios também têm uma lei semelhante a essa.

Novamente, os passíveis de punição são os edifícios que não fixarem a placa requerida. Até porque, imagino a dificuldade de fiscalizar se cada pessoa, de fato, verificou se o elevador se encontrava naquele andar antes de entrar.

CAPÍTULO 7 .....
Achado não é roubado

> "Aquele que restituir a coisa achada, nos termos do artigo antecedente, terá direito a uma recompensa não inferior a cinco por cento do seu valor, e à indenização pelas despesas que houver feito com a conservação e transporte da coisa, se o dono não preferir abandoná-la".
>
> (Lei Federal, N° 10.406/2002) [7]

Você está andando pela rua quando se depara com uma carteira recheada com mil reais. A carteira contém, ainda, todos os documentos da pessoa que a perdeu. Qual o seu dever nessa situação? Buscar o contato da pessoa e devolver a carteira nas mesmas condições em que a encontrou, certo? Errado. Pelo menos de acordo com a legislação brasileira.

Segundo o Artigo 1.234 do Código Civil "Aquele que restituir a coisa achada, nos termos do artigo antecedente, terá direito a uma recompensa não inferior a cinco por cento do seu valor, e à indenização pelas despesas que houver feito com a conservação e transporte da coisa, se o dono não preferir abandoná-la".

Isso significa que se você encontra essa carteira com mil reais, o dono original passa a ter a obrigação de te pagar cinquenta reais por ela. Sim, afinal o direito de um representa exatamente o dever de outra parte. Se você tem direito a uma recompensa, alguém tem a obrigação de te pagar essa recompensa.

Contudo, a legislação também consegue se contradizer a respeito dessa situação. Segundo o Artigo 169 do Código Penal, "quem acha coisa alheia perdida e dela se apropria, total ou parcialmente, deixando de restituí-la ao dono ou legítimo possuidor ou de entregá-la à autoridade competente dentro no prazo de quinze dias" torna-se passível de detenção de até um ano ou multa.

Vamos recapitular. Você encontrou uma carteira com mil reais dentro. O Código Civil diz que você agora passa a ter o direito a receber cinquenta reais para devolvê-la. O seu dono original passa a ter a obrigação de te pagar este valor se quiser reaver a carteira. O Código Civil diz que se você não entregá-la ao dono em quinze dias, você pode ser preso por até um ano. Mas se ele recusar pagar os cinquenta reais, você teoricamente não precisaria devolver, pois ele não está cumprindo seu dever, já que você tem esse direito. Mas isso pode te levar à prisão.

Não é fácil entender a legislação brasileira e, muito menos, estar em conformidade com tudo o que ela te exige. Com um número de leis tão grande, era realmente impossível que contradições não viessem a existir. Esses são apenas alguns dos exemplos de leis que trazem obrigações em demasia e benefícios de menos. Se é que trazem algum benefício.

..... **CAPÍTULO 8** .....
Quebre os ovos sem quebrar a lei

"não oferecer para consumo ovos crus".
(Portaria CVS/SES-SP, *N°. 6/99* de 10 de Março de 1999) [8]

Você já imaginou o colapso que ocorreria na sociedade se as pessoas pudessem comer ovos com a gema mole? Justamente para evitar esse tipo de catástrofe em nível nacional que a Câmara Municipal de São Paulo sancionou a lei que proíbe preparações em que os ovos permaneçam crus ou mal cozidos.

Sim, em São Paulo é proibido preparar o ovo de uma maneira diferente a essa citada. A lei é ainda mais específica, ela diz que "os ovos cozidos devem ser fervidos por 7 minutos e os ovos fritos devem apresentar a gema dura".

Se você mora em São Paulo, talvez já tenha descumprido essa lei. Não se preocupe, esse segredo fica entre a gente.

Eu me pergunto como pode ocorrer a fiscalização do ovo frito com a gema dura. Afinal, onde se desenha a linha entre gema dura e mole? Ou como ter certeza de que aquele ovo cozido foi fervido por 7 minutos? E caso ele tenha sido preparado dessa forma, mas ainda assim apresente a gema mole?

São muitos questionamentos, nenhum deles leva a lugar algum. É por isso que essa lei está aqui entre as leis inúteis do Brasil.

CAPÍTULO 9
Punição à caridade

"Proíbe dar e receber esmolas".
(Vacaria-RS – Lei complementar, *Nº 77/2019*) [9]

Dentre as inúmeras leis absurdas do Brasil, algumas parecem ser inacreditáveis. É o caso da lei complementar do município de Vacaria, no Rio Grande do Sul, que proíbe dar e receber esmolas.

Pensando a fundo sobre o que se trata a lei, ela basicamente proíbe que alguém dê uma pequena quantidade de dinheiro a outra pessoa sem uma contrapartida. Afinal, esse é o conceito de "esmola". Logo, os pedintes podem pedir uma ajuda em troca de um pedaço de papel escrito "obrigado" e assim não estariam pedindo esmola, e sim vendendo sua arte na rua. Nenhuma lei seria infringida. Apesar de que a lei em questão não prevê nenhuma multa em caso de descumprimento, apenas advertência. Então, no fim, nada muda mesmo. Por isso ela faz parte das leis absurdas, inacreditáveis e inúteis do Brasil.

..... CAPÍTULO 10 .....
Vem ler aqui fora

"*Diminui a pena de presos que lerem livros*".
(São Paulo-SP – Lei, N° 16.648/2018) [10]

Confesso que foi difícil encontrar uma categoria para encaixar essa lei. Após muitas considerações, resolvi colocá-la aqui mesmo, como uma das leis inúteis do nosso país. Mas, talvez, ela devesse ter uma categoria própria.

Essa lei surgiu do projeto elaborado por deputados ligados à Igreja Universal, que foi aprovado pela Assembleia Legislativa de São Paulo em 29 de maio de 2018. Segundo a lei, a leitura de cada livro possibilita a remição de quatro dias de pena, limitado a 12 livros por ano, ou seja, 48 dias de remição de pena por ano.

Ainda de acordo com esta lei, a Bíblia passa a ser considerada como uma coletânea de livros, e não mais como um livro apenas. Sua leitura é dividia em 39 livros do Velho Testamento e 27 livros do Novo Testamento; totalizando 66 livros.

Após a leitura, o presidiário tem que fazer uma resenha para ter direito a remição de 4 dias de sua pena.

Já até imagino a situação:

— "Quem construiu a arca"?
— "Noé".
— "O senhor está livre".

..... PARTE II .....
Populismo

"É fácil ser 'caridoso' enquanto os outros estão sendo forçados a pagar a conta".

— *Murray N. Rothbard.*

Sabemos que eleições são excelentes situações para que políticos possam despertar a simpatia de determinados setores da sociedade. Alguns grupos têm um interesse extremo nas eleições e exercem um efeito político muito alto. São os grupos de interesses especiais.

Por causa disso, algumas políticas são criadas com foco nesses grupos de interesse, beneficiando um pequeno número de pessoas aos custos de tantas outras. Portanto, essas políticas criadas pelo governo produzem ganhos a um grupo facilmente identificável, mas dividem seus custos a um número amplo de pessoas; de modo que os prejudicados, muitas vezes, não são facilmente identificáveis. É o conceito de "ganhadores identificáveis, perdedores anônimos".

Desta forma, temos o Legislativo brasileiro com inúmeras leis que buscam beneficiar esses grupos especiais. São leis absurdas e que servem simplesmente para que políticos possam aumentar sua popularidade com esses grupos.

..... **CAPÍTULO 11** .....

Lei da Copa do Mundo

> *"Prêmio de R$100 mil aos primeiros campeões do mundo de futebol".*
>
> (Lei Federal, *Nº 12.663/2012*) [11]

Conhecida como "Lei da Copa do Mundo", a lei em questão afirma que os jogadores de futebol titulares e reservas das conquistas das Copas do Mundo de 1958, 1962 e 1970 receberão auxílio em dinheiro no valor de R$100.000,00, por jogador. Além disso, alguns desses ex-jogadores irão receber auxílio mensal vitalício, estendido também às esposas e filhos menores de 21 anos.

É fato que alguns desses ex-jogadores não tiveram uma vida financeira muito bem-sucedida após terminarem a carreira. Alguns tiveram que contar com a ajuda da família e de amigos; outros receberam auxílio dos clubes nos quais atuaram. Mas sabe o que mais? Isso acontece com milhares, ou milhões, de brasileiros que não conquistaram a Copa do Mundo.

Não há problema algum em se solidarizar com a situação desses ex-atletas. Pelo contrário, essa empatia é algo super importante. Contudo, obrigar a população a custear um auxílio a esses jogadores é o que faz a lei ser absurda.

Sem contar que todos os que participaram dessas conquistas serão beneficiados, e isso inclui aqueles que continuaram administrando bem as suas finanças após pendurarem as chuteiras.

Se você pensar bem, porque então os benefícios não incluem os roupeiros, fisioterapeutas, massagistas dessas mesmas seleções? Ou ainda, porque não incluir os jogadores que perderam a Copa? Não que essas sejam sugestões sérias – espero que nenhum deputado esteja lendo esse parágrafo – mas fica aqui mais uma vez o levantamento de como as leis são baseadas em questões altamente subjetivas e de gostos pessoais dos legisladores.

..... CAPÍTULO 12 .....
Nova Semana Santa?

"Dia Municipal da Bíblia".
(Pelotas-RS – Lei, *Nº 6.501/2017*) [12]

Em 2017 foi sancionada, em Pelotas (RS), a lei que institui o "Dia Municipal da Bíblia", a ser comemorado no segundo domingo do mês de dezembro de cada ano.

Mas aí você pode pensar: que lei inútil, apenas um dia no ano? Foi aí que Câmara Municipal se antecipou.

Não só é comemorado o Dia da Bíblia, mas de acordo com o artigo 2º, "A semana em que se comemora o 'Dia da Bíblia', será considerada a 'Semana Municipal da Bíblia'". Pronto! Agora temos sete "Dias da Bíblia".

..... **CAPÍTULO 13** .....
Um intruso nas suas férias

"Grupos de turismo obrigados a ter um guia local".
(Mato Grosso do Sul – Lei, N° 2.405/2002) [13]

No Mato Grosso do Sul os grupos de turistas devem ser, de maneira obrigatória, acompanhados por um guia de turismo local. Esse guia deve ter uma formação específica em atrativos turísticos do estado.

Essa é uma maneira que o governo encontrou de criar uma "reserva de mercado" para guias turísticos locais. Reserva de mercado é quando o governo protege determinado setor da economia por meio de leis ou de barreiras de entrada. Nesse caso, ele protege os guias de turismo, fazendo com que seus serviços se tornem imprescindíveis para quem quer visitar o estado.

Obviamente, a medida deve ter agradado a maior parte dos guias locais. Como já dito na introdução dessa parte, temos uma situação de "vencedores identificáveis, perdedores anônimos". Os guias são visivelmente beneficiados, já que agora seus serviços são indispensáveis, por meio de uma imposição. Por outro lado, todos os turistas que querem visitar o local sem um guia, ou com um guia que não tenha a formação obrigatória pelo estado, estão impedidos de fazer isso. Consequentemente, terão um custo extra indesejado e talvez uma experiência frustrante por ter alguém no grupo que não é desejado ali.

CAPÍTULO 13 | *Um intruso nas suas férias*

Imagina só, você viaja para o Mato Grosso do Sul com sua família para conhecer Bonito e outras paisagens e acaba tendo que arcar com um acompanhante extra, que vai te acompanhar por toda a viagem a pedido do nosso governo.

CAPÍTULO 14
Homenagem a ex-deputados: existe

> *"Homenagem aos ex-deputados nas obras que forem construídas".*
>
> (Acre – Lei, N° 1.391/2001) [14]

Sim, é certo que pouco se sabe sobre o Acre. Contudo, quando se trata de leis absurdas, não há estado que escape.

No Acre, existe uma lei, sancionada em 2001, que diz o seguinte: "O governo homenageará os ex-deputados falecidos, colocando seus nomes nas obras que forem construídas". Olha só, basta ser um ex-deputado para ter seu nome em alguma obra do estado. Não precisa fazer um bom trabalho, pode até ser que você seja um dos deputados que propõe esse tipo de lei inútil e, mesmo assim, seu nome vai estar em algum lugar como uma homenagem ao fato de você ter sido eleito em alguma época.

Obviamente se trata de uma lei feita para agradar o ego dos deputados e, claro, a família dos ex-deputados que já partiram dessa para melhor. Populismo raiz.

..... **CAPÍTULO 15** .....

Parabéns, você acaba de realizar uma doação

> *"Doação de R$ 792mil para a basílica de natividade, na Palestina".*
>
> (Acre – Lei, *Nº 13.669/2018*) [15]

Como você se sentiu ao realizar uma doação para a Basílica da Natividade, na Palestina?

Ah, talvez você não lembre, mas em 2018 a União foi autorizada a doar recursos para a restauração da Basílica da Natividade, na cidade de Belém, Estado da Palestina, no valor de até R$ 792 mil.

É isso mesmo, você contribuiu com parte dos R$792 mil que o Brasil decidiu doar para a Palestina.

Eu sei, talvez você não veja valor em realizar essa doação. Mas justamente para isso temos pessoas iluminadas que podem decidir por você a melhor forma de utilizar o seu dinheiro; como, por exemplo, doar para a restauração de um local que você nunca soube que existia.

CAPÍTULO 16
A lei que é uma piada

"Humor como patrimônio imaterial no Ceará".
(Ceará – Lei, *Nº 16.234/2017*) [16]

Em 2017, foi sancionada a lei conhecida como Lei Chico Anysio, que estabelece o "Ceará, Terra do Humor" como bem cultural de natureza imaterial.

A lei poderia até entrar no *hall* de leis inúteis, não fosse um detalhe: uma lei como essa permite à Secretaria da Cultura reforçar a regulamentação como incentivo aos humoristas do estado, direcionando investimentos dos cofres públicos para o segmento.

.....PARTE III.....
Leis contra a iniciativa privada

"Ninguém *gasta o* dinheiro de outras pessoas tão cuidadosamente quanto gasta o seu próprio. Ninguém usa os recursos de outros tão zelosamente quanto usa os seus. Se você quer eficiência e efetividade, se você quer que o conhecimento seja apropriadamente utilizado, então você tem de fazê-lo por meio da propriedade privada".

— *Milton Friedman*

Ao analisar diversas das leis brasileiras, fica bem claro que uma grande parte delas são contrárias à iniciativa privada. São leis que impedem duas partes de realizarem uma transação voluntária entre si, ou que obrigam o empreendedor a agir de determinada forma, sempre decidida de forma arbitrária.

É importante lembrar que a enorme maioria dos empresários brasileiros está na categoria de micro e pequenos empresários. São pessoas comuns que abrem um negócio para serem capazes de prover para sua família. Essas pessoas, justamente, são as mais afetadas por regulamentações e burocracias contra a iniciativa privada. Afinal, são elas que têm menores recursos para cumprir decisões arbitrárias dos nossos legisladores.

CAPÍTULO 17 .....
Contratamos diretor recém formado

"Proíbe exigência de tempo de experiência menor que 6 meses".

(Lei Federal, *Nº 11.644/2008*) [17]

Dentro da nossa CLT existe o seguinte artigo: "Para fins de contratação, o empregador não exigirá do candidato a emprego comprovação de experiência prévia por tempo superior a 6 (seis) meses no mesmo tipo de atividade".

Na vida real, no momento de contratação de um novo funcionário, o empregador já tem definidas quais as qualificações ele necessita para aquele cargo. Se ele precisa de alguém com experiência, com bom nível de inglês, com conhecimentos em informática ou com habilidades na cozinha, ele irá procurar alguém que se encaixe no perfil.

Além disso, por mais que exista essa lei em vigor, a decisão final do contratante é subjetiva. Ele pode não dizer abertamente que contratou alguém porque tinha experiência, mas no fim das contas é isso o que acontece. Ele tem acesso ao currículo e às informações sobre os candidatos, e irá tomar sua decisão de acordo com o que cada candidato apresentar. Na prática, ele não irá informar que rejeitou alguém por falta de experiência, provavelmente vai dizer algo como "tivemos outros candidatos cujo perfil mostrava mais sinergia com a vaga" ou qualquer jogo de palavras que pareça bonito e garanta que ele não irá quebrar uma lei.

Moral da história, se o contratante pudesse ser claro e anunciar abertamente que precisa de alguém com 5 anos de experiência, por exemplo, pouparia o tempo daqueles menos experientes que participaram do processo sem que na verdade tivessem alguma chance real de conseguir o emprego.

..... **CAPÍTULO 18** .....

O bar recomendado por 9 a cada 10 dentistas

"Obriga bares a disponibilizarem fio dental gratuito".
(Balneário Camboriú-SC – Lei, N° 3.060) [18]

Quantas vezes você já foi a um bar e, ao pagar a conta e ir ao banheiro, ficou indignado porque não encontrou fio dental? Se você é uma pessoa normal, provavelmente nunca passou por isso. Mas imagino que essa realidade seja diferente no meio político, pois a lei em questão torna obrigatória a disponibilização de fio dental em restaurantes e bares de Balneário Camboriú.

A lei também afirma que o fio dental deve ser cedido de maneira gratuita, sendo proibido incluir seu valor na conta dos clientes. Essa grande ingenuidade – de que as coisas podem simplesmente serem ofertadas gratuitamente – é o que norteia essa lei também. É óbvio que o valor do fio dental vai estar incluído na conta, assim como está incluído o valor da água, da conta de luz, do aluguel e do salário do garçom.

Obviamente os bares não precisam colocar isso de maneira explícita na conta, mas pode ter certeza que o valor está ali.

Apesar de ser um custo relativamente pequeno ao local, existe um alto risco ao dono do restaurante. Afinal, se ele ficar sem fio dental, ou se acabar se esquecendo de repor, pode ser multado e, até mesmo, ter seu negócio fechado.

E aí você imagina, com todas as preocupações já inerentes ao negócio – estoque, salários, comida, preparação, segurança, clientes, ponto etc.; – o empresário ainda tem que se preocupar em checar se há fio dental disponível a todo momento.

..... CAPÍTULO 19 .....

O que o governo fez com nosso cartão de crédito?

> *"Veda aos estabelecimentos comerciais a exigência de valor mínimo para compras com cartão de crédito ou débito".*
>
> (São Paulo – Lei, *Nº 16.120/2016*) [19]

Na obra *O que o governo fez com nosso dinheiro?*, Murray N. Rothbard defende que as leis de oferta e demanda também são válidas para o dinheiro. Ele defende, também, que exista livre comércio e concorrência entre as moedas, de modo que a mais robusta irá ser aceita por mais pessoas e, consequentemente, será selecionada naturalmente.

Contudo, a situação que temos hoje é completamente contrária. O governo tem o monopólio da emissão de moeda e nos obriga a aceitá-la por meio legal.

Além disso, ele dita regras que vão contra o livre mercado ao dizer, por exemplo, que estabelecimentos não podem exigir valor mínimo para compras no cartão de crédito ou de débito.

Naturalmente, esses estabelecimentos têm alguma taxa por utilizarem esse sistema de recebimento. Portanto, compras pequenas podem reduzir em muito a margem de lucro de determinado produto, fazendo com que sua venda não seja vantajosa para a empresa em casos de pagamento por meio de cartões.

Na prática, uma alternativa que o estabelecimento tem é aumentar o valor desses produtos mais baratos para que, considerando a taxa do cartão, ela possa ainda ter uma margem de lucro aceitável. Dessa forma, ela pode oferecer um "desconto" àqueles que pagarem com dinheiro físico.

No fim, burocracias como essa servem apenas para complicar o que deveria ser simples: a troca voluntária entre dois indivíduos.

..... **CAPÍTULO 20** .....

Oferecer esse benefício pode tornar seu estabelecimento ilegal

"Proíbe a cobrança da consumação mínima nos bares, boates e congêneres".

(São Paulo – Lei, *Nº 11.886/2005*) [20]

Se tem alguma lei que não faz sentido defender é a proibição de consumação mínima. Afinal, a prática de pagar apenas pela entrada é considerada normal por todas as pessoas, o que é um contrassenso. Já explico.

Imagine que você vá a uma rua na qual se encontram vários bares, um ao lado do outro. Todos alí têm basicamente os mesmos serviços: cerveja gelada, petiscos, *drinks* etc.

Você vai, então, no primeiro bar que vê, no início da rua. Esse bar é conhecido como "Bar A". Ao chegar à porta do Bar A, há um segurança que te diz: "Aqui funciona da seguinte forma: consumação mínima de R$ 30".

Você fica irritado. Afinal, não sabe ainda se vai consumir R$ 30 lá dentro. Decide não entrar e vai ao bar do lado para saber como funciona.

Chegando no Bar B, há um outro segurança que te diz: "Nós não cobramos consumação mínima. Aqui você paga R$ 30 para entrar e, como cortesia, os primeiros R$ 30 que você consumir são por conta da casa".

Você então abre um grande sorriso, pois acabou de ganhar R$ 30 de consumo.

Se você foi perspicaz, vai ver que as duas situações são

CAPÍTULO 20 | *Oferecer esse benefício pode tornar seu estabelecimento ilegal*

exatamente iguais. Tanto no Bar A quanto no Bar B, você vai gastar um mínimo de R$ 30, independente do que consumir. Se consumir menos do que R$ 30 – digamos que você só consumiu uma coxinha e um refrigerante – ainda assim terá gasto R$ 30 tanto no Bar A quanto no Bar B. Se, porventura, você pediu uma tábua de filé com fritas e seis cervejas, irá pagar o valor total desses itens – digamos que R$100.

Não importa o que você consuma, o valor gasto nos dois estabelecimentos seria sempre igual. Logo, o consumo mínimo é exatamente igual a alguém te cobrar uma entrada e te dar o exato valor da entrada como uma cortesia, ou um *voucher* de consumo.

Onde quero chegar com isso?

Você certamente já foi a locais em que há a cobrança da entrada no estabelecimento – R$ 5, R$ 10, R$ 20, R$ 100, não importa – e é senso comum que o local pode cobrar pela entrada. Dessa forma, por que não pode cobrar pela entrada e te dar um *voucher* de consumo?

Ou seja, vimos que:

1) Consumação mínima é igual a cobrar uma entrada e dar uma cortesia de consumo no valor da entrada;
2) Há lugares que cobram entrada e não dão nada em troca;
3) Os lugares que cobrarem pela entrada e não oferecem nada em troca são legais;
4) Os locais que cobram pela entrada e oferecem consumo nesse valor são ilegais. Não é irônico?

Com isso, temos a seguinte situação: você está entrando em um estabelecimento que cobra R$30 pela entrada. Até aí, tudo conforme a lei. No momento em que você acaba de pagar, o segurança te diz: "Ah, esqueci de mencionar, esse valor que você pagou pela entrada pode ser revertido em consumo". Pronto. Agora temos uma situação proibida por lei.

Algum exemplo de um contrassenso maior do que esse?

..... **CAPÍTULO 21** .....

Incentivando ex-gordinhos a comerem mais

> *"Dispõe sobre a obrigatoriedade da concessão de desconto ou de meia porção para pessoas que realizaram cirurgia bariátrica ou qualquer outra gastroplastia, em restaurantes ou similares".*
>
> (São Paulo – Lei, *Nº 16.270/2016*) [21]

De acordo com lei estadual de São Paulo, os restaurantes à *la carte* são obrigados a oferecer meia porção com desconto de 30% a 50% para pessoas que tenham tido o estômago reduzido por meio de cirurgia bariátrica ou qualquer outra gastroplastia. Os restaurantes que adotam o modelo de "rodízio" também são obrigados a dar um desconto de 50%.

Se a ideia é prezar pelo bem-estar e saúde da pessoa operada, oferecer 50% de desconto em um rodízio não parece ser a solução ideal. Podendo comer o quanto quiser pela metade do preço, logo-logo o cidadão vai acabar precisando de uma segunda cirurgia.

Além disso, o restaurante – uma empresa privada – deve decidir o valor do seu prato, independente de uma determinação estatal. Afinal, se o volume de pessoas exigindo seu desconto for grande, ele irá vender seus pratos por um valor inferior ao desejado e, com isso, a tendência é aumentar o valor para o consumidor comum.

..... **CAPÍTULO 22** .....

Seu estacionamento, minhas regras

> *"Regulamenta horário de funcionamento de estacionamentos privados em Balneário Camboriú".*
> (Balneário Camboriú-SC – Decreto, N° 9.578/2019) [22]

Se você for dono de um estacionamento em Balneário Camboriú e decidir que quer ir embora mais cedo para casa, numa sexta-feira à tarde, dia pouco movimentado, saiba que está proibido de fazer isso.

De acordo com o decreto em questão, os estacionamentos privados devem funcionar pelo menos de segunda a sábado, das 9h às 19h. Não, você não pode decidir abrir um pouco mais tarde ou fechar um pouco mais cedo; ou mesmo decidir não abrir aos sábados. Dessa forma, independentemente de existir uma demanda ou não, o dono do estacionamento é obrigado a mantê-lo aberto nos horários pré-estabelecidos por lei.

O decreto exige, também, que um máximo de 50% das vagas sejam de uso mensal, sendo os outros 50% para uso rotativo. Ou seja, ainda que o empresário tenha um número suficiente de clientes interessados em pagar a mensalidade do estacionamento, ele não pode aceitar esses clientes mensalistas. Isso, inevitavelmente, aumenta os riscos do empresário, pois ele tem – pelo menos – 50% de suas vagas mantidas de forma variável. Ele não pode contar com essa receita e está sujeito a variações do mercado.

Com isso, uma das alternativas para que ela possa reduzir esse risco é cobrar um pouco mais caro dos mensalistas. Garantindo, assim, uma receita mínima mensal que o permita gerir seu negócio de maneira menos arriscada.

CAPÍTULO 23

Estou te ameaçando pro seu próprio bem

"Câmeras obrigatórias em bares e restaurantes".
(Aparecida de Goiânia-GO – Lei Municipal, *Nº 3.462*) [23]

A lei municipal sancionada em 2019, obriga bares, supermercados e outros distribuidores de bebidas a ter um circuito de câmeras de monitoramento.

Sabemos que a vida do micro e pequeno empreendedor não é das mais fáceis. Não é raro ver alguém juntando todas as economias da família para ser capaz de abrir uma pequena portinha no fundo de casa onde possa começar a buscar uma fonte de renda.

Cada obrigação adicional gera um custo que, por muitas vezes, se torna um empecilho para que alguém possa iniciar uma atividade empreendedora. É o caso da lei aqui em questão.

Nesse caso, o governo obriga o empreendedor ou empresário a instalar câmeras de vigilância em seus estabelecimentos, com a ameaça de terem seus negócios fechados caso não o façam.

Ou seja, "eu estou ameaçando fechar seu negócio, a não ser que você tenha um circuito de tv que te 'proteja' de ameaças".

Seria irônico, se não fosse verdade.

..... **CAPÍTULO 24** .....

Como esvaziar uma cidade

"Proíbe festas open bar*".*
(Marília-SP – Lei, *Nº 7.119/2010*) [24]

Em Marília, é proibido realizar festas com distribuição gratuita de bebidas alcoólicas, ou com venda de valor simbólico, inferior ao mercado. Com isso, se torna proibido o nosso tão querido *"open bar"*.

É claro que a bebida em um *open bar* não é de graça. Como diria Milton Friedman *"There is no such thing as free open bar"*. Mas tudo bem; entendemos que o consumidor não pode pagar por uma entrada e se servir à vontade com as bebidas do local.

Mas a lei também proíbe a venda com valor simbólico, inferior ao de mercado. Eu gostaria muito de saber como é calculado o valor de mercado nesse caso. Existe um fiscal que vai de bar em bar e pega a média ponderada das bebidas para comparar com o que está sendo praticado em determinada festa? Ou, o que seria um valor simbólico? Será que nessa lógica deveria ser proibido o tradicional *happy hour* também?

Se for, não se assuste ao ver uma emigração em massa de Marília para outras cidades vizinhas.

..... CAPÍTULO 25 .....
Contratando serviços às cegas

> "Proíbe divulgação de fotos 'antes e depois' de pacientes".
> (Resolução CFN, Nº599/2018) [25]

Normalmente quando você vai contratar algum serviço, você procura por referências, trabalhos anteriores da pessoa, recomendações de quem já foi cliente e, principalmente, resultados.

Mas é justamente isso que o Conselho Federal de Nutricionistas proibiu. De acordo com a resolução, fotos do antes e depois de pacientes estão proibidas. Até mesmo *posts* de clientes fazendo um agradecimento pelo tratamento feito por um nutricionista é passível de punição pelo conselho.

Isso atrapalha justamente a busca por profissionais que tenha bons resultados. O cliente agora vai ter que ver a foto apenas do "antes" com a legenda: "você vai ter que imaginar como ficou o depois, se vira" ou algo do tipo. Ou talvez apenas a foto do "depois", sem nunca saber qual era o ponto de partida daquele cliente.

É claro que nem todo método vai funcionar igualmente para cada cliente. Os resultados divergem de pessoa para pessoa. Isso acontece em qualquer serviço, em todas as indústrias. Postar um "antes" e "depois" é justamente uma mostra de como determinado método funcionou para uma pessoa em específico, aquela que está na foto.

CAPÍTULO 26 •••••
Meu cinema, minha vida

> *"Permitir o consumo apenas de produtos vendidos pelo cinema é considerado prática abusiva".*
> (Código Brasileiro do Consumidor – Lei, N° 8.078/1990) [26]

Eu sei, você também já ficou revoltado com o preço da pipoca no cinema. Todos nós já passamos por isso, não precisa negar.

De fato, não é a coisa mais agradável do mundo ter que pagar caro por um balde de pipoca, ou por um refrigerante. Todo mundo quer pagar o mais barato sempre, é inerente ao ser humano.

Contudo, nem sempre as coisas saem da forma que esperamos. Eu gostaria muito de ter uma Ferrari neste momento, ou quem sabe uma Lamborghini. Mas justamente por serem caros demais para meu orçamento, eu opto por não comprar.

Essa é a lição do dia: não comprar algo é sempre uma opção (a não ser que estejamos falando de imposto; nesse caso você é obrigado a pagar).

Voltamos ao cinema. É importante frisar que o dono do estabelecimento não está te fazendo um favor ao oferecer um filme, pipoca e refrigerante; esse é o negócio dele. Dessa forma, não cabe ao consumidor decidir quais as regras do estabelecimento, e sim ao dono daquela propriedade.

O dono do cinema está empreendendo e precisa do retorno daquele investimento e do tempo. Se ele não permite que pessoas

CAPÍTULO 26 | *Meu cinema, minha vida*

entrem no local com alimentos e bebidas de fora, é justamente porque esses produtos fazem parte daquilo que ele oferece, assim como um restaurante não te permite entrar no estabelecimento com um McLanche Feliz nas mãos.

"Ah, mas o negócio principal do cinema é o filme, não comida e bebida". Quem te disse? Quando você vai a uma balada, muitas vezes a entrada é gratuita, a casa lucra com o que é vendido ali dentro. E nem por isso o negócio deles é alimentício.

Como dito, quem empreende por meio de um cinema espera um retorno pelo seu tempo e dinheiro. Esse retorno pode vir apenas por meio de ingressos, ou por meio de um mix: ingresso, comidas, bebidas.

Se ele não consegue ter receita com comidas e bebidas – pois é permitido que pessoas levem seu próprio lanche – adivinha só? Esse retorno vai ter que vir apenas do ingresso, fazendo com que seu preço fique mais caro.

..... **CAPÍTULO 27** .....

Suspende o sal

"Proibido expor recipiente com sal em cima da mesa".
(Belo Horizonte-MG – Lei, *Nº 10.982/2016*) [27]

Essa parece uma daquelas ideias que nossos netos irão olhar e falar: "É sério que no seu tempo era assim?" Em 2016, foi sancionada em Belo Horizonte a incrível ideia de proibir em restaurantes, lanchonetes e bares, a exposição, em mesas e balcões, de quaisquer recipientes com sal.

O objetivo era que o cliente tivesse que solicitar o garçom caso desejasse um pouco de sal na comida, e esse sal deveria vir em embalagens individuais.

Contudo, os vereadores da Câmara Municipal de Belo Horizonte não contavam com uma outra forma de interpretar a lei. Afinal, a proibição dizia respeito a exibição *nas mesas e balcões*. Dessa forma, a solução encontrada por alguns donos dos estabelecimentos afetados foi de pendurar saleiros no teto, sem que esses tocassem as mesas.

Fica aí uma grande lição sobre o tema: se há uma demanda por algo, sempre haverá alguém disposto a inovar para criar a oferta. Proibir saleiros em cima da mesa foi apenas um combustível para o surgimento de soluções criativas.

..... **CAPÍTULO 28** .....

O barato que sai caro

"Gratuidade de estacionamento para clientes".
(Belo Horizonte-MG – Lei, N^o *10.994/2016*) [28]

Em 2016, foi aprovada uma lei que exigia que *shopping centers* e supermercados de Belo Horizonte fossem obrigados a fornecer estacionamento gratuito para consumidores que comprovassem despesa correspondente a pelo menos 10 (dez) vezes o valor cobrado pelo estacionamento.

Como sempre, o governo acha que as pessoas são inertes e não reagem antecipadamente à lei.

Se o local perde uma de suas fontes de renda, ele tende a buscar essa renda de outras formas. Com isso, entre as possíveis consequências de uma lei como essa, estão:

1) Tendência de aumento no valor cobrado por hora no estacionamento;
2) Aumento no valor do aluguel das lojas dos *shoppings*;
3) Terceirização do serviço de estacionamento;
4) Fechamento do estacionamento para uso de outra atividade.

No fim, essa é a famosa situação onde acontece o perde-perde. Tanto o consumidor quanto o *shopping center* e as lojas estão em pior situação agora.

..... **CAPÍTULO 29** .....

Trade-off entre banheiros e funcionários

"Obrigatório ter banheiro para clientes".
(Caraguatatuba-SP – Lei, Nº 2.364/2017) [29]

Uma lei que obriga estabelecimentos comerciais que tenham acima de 15 funcionários a dispor de pelo menos um banheiro masculino e outro banheiro feminino para clientes. Essa é a questão aqui.

Além disso, a lei indica que os banheiros devem estar em perfeitas condições de higiene e uso, seja lá o que "condições perfeitas" signifique na prática.

Mas vamos fazer um exercício; você é dono de um pequeno estabelecimento com cerca de 15 funcionários. Seu local de trabalho e atendimento não tem dois banheiros para clientes. Quais suas opções nesse caso? Você pode se mudar para um outro local que tenha os dois banheiros necessários, provavelmente por um aluguel mais caro que o anterior. Nesse caso, você tende a repassar seus custos adicionais ao consumidor, aumentando o preço dos seus produtos. Até porque, além do valor maior do aluguel, ainda tem os custos de manutenção desses banheiros.

Outra alternativa é simplesmente reduzir o número de funcionários para menos do que 15 e evitar entrar nessa faixa na qual você é obrigado a se adaptar e disponibilizar os dois banheiros.

Bom, se a sua opção for arriscar e continuar com 15 funcionários e sem os banheiros, você estará sujeito a advertência, multa, suspensão das atividades e cassação do seu alvará de funcionamento. *Let the games begin.*

..... **CAPÍTULO 30** .....

Duas cervejas e uma porção de camisinhas, por favor

"Torna obrigatória a comercialização de preservativos em bares, restaurantes, boates, casas de show e similares".

(Distrito Federal – Lei, *Nº 6.148/2018*) [30]

Em um episódio de *Pesadelo na Cozinha*, o *chef* Érick Jacquin visitou um restaurante árabe na Zona Leste de São Paulo e se surpreendeu ao dar de cara, logo na entrada, com uma cesta cheia de preservativos. "Será que eu errei de lugar?" foi a frase que ele soltou.

Não, Jacquin. Você não errou de lugar, aquele era de fato o restaurante.

Por mais contraintuitiva e bizarra que essa combinação possa parecer – preservativo mais restaurante – a Câmara Legislativa do Distrito Federal parece ver isso como algo normal. Aliás, como algo que deveria ser obrigatório.

Desde 2018, os bares e restaurantes do Distrito Federal são obrigados a vender preservativos em suas premissas. Não só existe a obrigação de vender preservativos, como também é obrigatório deixá-los em local visível e de fácil acesso. Os restaurantes que não cumprirem a medida podem ter sua atividade interditada.

É, Jacquin. Seu próximo quadro poderia se chamar "Pesadelo em Brasília".

..... **CAPÍTULO 31** .....

Não existe ingresso grátis

"Obrigatório destinar 1% da carga total de tickets de um estádio a menores de 12 anos, de forma gratuita".
(Belo Horizonte-MG – Lei Municipal, *Nº 10.942/2016*) [31]

"Não existe almoço grátis", diria Milton Friedman. É uma pena que nossos políticos talvez nunca entendam o valor dessa frase. Afinal, o que acontece quando alguns recebem gratuidade? O preço aumenta na outra ponta.

Em Belo Horizonte, existe a obrigatoriedade de fornecer ingressos gratuitos a menores de 12 anos. Essa obrigatoriedade traz alguns efeitos colaterais.

Como a organizadora do evento tem custos e também visa o lucro, os demais ingressos acabam ficando mais caros para todo mundo; há também o aumento da burocracia para os organizadores, que precisam se certificar de que estão cumprindo essa cota de gratuidade nos ingressos; obviamente, também há os custos com fiscalização pelo próprio Estado.

Imagine só um evento importante no qual o público alvo é inteiramente maior de idade. Nesse caso, 1% dos ingressos será literalmente jogado no lixo por conta da regulamentação.

·····PARTE IV·····
Leis contra a melhoria de produtividade

"O resultado do protecionismo será sempre a redução da produtividade do trabalho humano".

—*Ludwig von Mises*

Desde a obra *A riqueza das nações*, de Adam Smith, sabe-se que o aumento na produtividade decorrente de livres trocas e divisão do trabalho é o caminho pelo qual os países tornam-se ricos. Entretanto, a classe política brasileira não se cansa de ignorar essa premissa.

Quando uma lei impede ou dificulta a livre competição, ela afeta diretamente o livre comércio. A competição gera melhores preços aos consumidores, maior gama de opções e um maior número de empregos gerados.

Por falar em empregos, não é incomum encontrarmos leis que mantém empregos de maneira forçada. A justificativa, quase sempre, é uma tentativa de evitar com que pessoas percam seus empregos, à medida que esses cargos se tornam obsoletos. Contudo, essa não é uma justificativa válida do ponto de vista econômico. Pelo contrário, é um retrocesso no processo de melhoria na produtividade do país.

Para ilustrar como essa mentalidade não faz sentido, me lembro da famosa história em que Milton Friedman, ao visitar a China comunista, se deparou com um grupo de trabalhadores que construíam uma barragem de terra, utilizando apenas pás e enxadas. Intrigado com aquilo, Friedman afirmou a um dos oficiais chineses que apenas um operário, munido de uma escavadeira, poderia realizar todo aquele trabalho sozinho. A resposta do oficial foi "sim, mas imagine todo o desemprego que isso geraria". Então, foi quando Friedman respondeu: "Bom, se vocês estão interessados em gerar mais empregos, deveriam tirar as pás e entregar colheres aos trabalhadores".

Essa história é perfeita para ilustrar como medidas protecionistas não trazem avanço, muito pelo contrário. E nesse caminho, as leis que travam a produtividade são extremamente absurdas.

..... **CAPÍTULO 32** .....

O caderno que pode fechar o seu negócio

> "*Obriga estabelecimentos a ter um caderno de reclamações*".
>
> (Rio de Janeiro – Lei, *Nº 6.613/2013*) [32]

Começamos essa categoria com uma lei que parece inofensiva, a princípio. O Rio de Janeiro obriga os estabelecimentos comerciais a ter um caderno de reclamações.

A lei aprovada em 2013 exige que todos os estabelecimentos de prestação de serviços ou fornecimento de bens sejam obrigados a criar um livro de reclamações e, além disso, enviar uma cópia de cada nova reclamação ao estado.

Claro, não poderia também faltar a tradicional plaquinha obrigatória no estabelecimento. Desta vez, é necessário afixar um letreiro com os dizeres: "Este estabelecimento dispõe do Livro de Reclamações".

Calma, que tem mais burocracia. A reclamação deve ser preenchida em três vias, sendo uma afixada no livro, uma entregue ao consumidor e a outra enviada ao órgão fiscalizador competente.

O consumidor deve preencher a sua via de forma correta e completa em todos os campos relativos à sua identificação e endereço. Deve também descrever de forma clara e completa os fatos que motivam a reclamação.

E o que acontece caso o local não tenha esse caderno, ou não cumpra cada um dos requisitos acima? Bom, como de costume, o estabelecimento que não cumprir com essas exigências pode ter o encerramento temporário de suas atividades.

..... **CAPÍTULO 33** .....

Self-service proibido

> *"Proibição do auto-serviço em postos de gasolina".*
> (Distrito Federal – Lei, Nº 9.956/2000) [33]

Se você já alugou um carro em outro país, muito provavelmente teve que passar pela situação de abastecer seu próprio veículo, o que, pra mim, continua sendo um desafio, muitas vezes.

Fato é que o Brasil é um dos poucos países que proíbe o auto-serviço em postos de gasolina. Em grande parte do mundo, o próprio cliente é responsável por abastecer seu carro e realizar o pagamento.

No que isso impacta a economia?

Os legisladores argumentam que a lei é importante para proteger os empregos dos frentistas, visto que, sem ela, provavelmente não haveria mais esse cargo. Ora, se estamos protegendo os empregos dos frentistas, por que não fazemos o mesmo com as profissões de telefonista, acendedor de poste, arrumador de pinos de boliche, datilógrafo, entre outros? Justamente porque são profissões que não fazem mais sentido no mundo atual.

Manter um profissional que não é produtivo é, justamente, contraproducente. Dito de outra forma, se uma profissão precisa de uma intervenção legal para que ainda exista, pode ter certeza que não é boa coisa.

Imagine aí, você contrataria um profissional que fosse responsável por, digamos, amarrar seu tênis? Certamente não é uma atitude muito produtiva, certo?

CAPÍTULO 33 | *Self-service proibido*

Mas voltamos ao argumento de que a lei beneficia os frentistas, evitando com que esses perdessem seus empregos. Bom, é importante lembrarmos da obra de Frédéric Bastiat, *O que se vê e o que não se vê*.

Nesse caso, o que se vê é que temos um profissional a mais empregado. O que não se vê é que, com o custo desses profissionais, o empregador repassa esse valor ao consumidor final, aumentando o preço do combustível. Se não houvesse esse custo adicional, ele gastaria menos no posto de gasolina e poderia comprar outros produtos e serviços, como uma lavagem do carro, um jantar fora de casa a mais por mês, um chocolate para a esposa.

Fato é que ele gastaria esse adicional movimentando outras indústrias e, consequentemente, gerando outros empregos: um lavador de carros, um garçom, um profissional autônomo.

Nenhum país enriqueceu mantendo profissões ultrapassadas por força de lei. Bastiat continua atual mesmo após 150 anos de seus escritos.

..... **CAPÍTULO 34** .....

Cota de tela

"Obrigatoriedade da exibição de filmes nacionais nos cinemas".
(Medida Provisória, Nº 2.228-1/2001) [34]

Todo ano, o governo brasileiro estabelece uma cota para exibição de filmes nacionais nos cinemas. A cota para 2020 foi estabelecida no dia 24 de dezembro, com a exigência de pelo menos 27 dias de filmes brasileiros na programação de cada cinema.

Os cinemas com maior quantidade de salas podem ser obrigados a exibir até 57 dias de filmes brasileiros.

Essa é uma das regulamentações que busca "fomentar a indústria nacional", mas não existe fomento através de coerção.

Se você produz algo que as pessoas veem valor, não há necessidade de obrigá-las a consumir. E se você obriga pessoas a consumir seu produto, talvez ele não seja tão bom assim.

Simples. Os consumidores são o termômetro do mercado; eles indicam se há ou não aceitação daquele produto. Se o dono do cinema é obrigado a utilizar suas salas para um filme que não dá o retorno esperado, ele vai ter que reajustar o preço dos ingressos dos outros filmes.

Para aqueles que irão dizer que essa lei não é absurda, o que diriam se o Estado obrigasse você a assistir por 57 dias no ano filmes nacionais "para fomentar a indústria"?

CAPÍTULO 35
Na contramão do atendimento virtual

> *"Obriga as operadoras de serviços de telefonia fixa e móvel, bem como as operadoras de televisão por assinatura, a divulgarem e manterem estabelecimento físico em cada cidade na qual prestarem serviços no estado, para atendimento presencial ao consumidor".*
> (São Paulo – Lei, N° 16.726/2018) [35]

Estamos no século XXI e os serviços estão cada vez mais sendo realizados de maneira remota, através da *internet*. Já não faz sentido pegar a fila do banco para pagar sua conta de luz, ou ir a uma locadora para escolher um filme no domingo à noite.

Bom, não é bem assim que a Assembleia Legislativa do Estado de São Paulo pensa. A lei que entrou em vigor em 2018 estabelece que as operadoras de serviços de telefonia fixa e móvel, além das operadoras de televisão por assinatura, devem manter estabelecimento físico em cada uma das cidades onde prestarem serviço, para atendimento presencial ao consumidor.

Não apenas isso, mas cada uma dessas cidades deve ter um estabelecimento físico para cada 50 mil habitantes.

Em outras palavras, as operadoras são proibidas de oferecerem seus serviços se não tiverem um estabelecimento físico naquele município.

Isso significa um alto custo fixo para a empresa que presta esses serviços. Obviamente, esse custo é repassado aos consumidores, que acabam por pagar mais caro do que deveriam.

Além disso, cidades pequenas, com pouco mais de 50 mil habitantes, têm enorme chance de ficarem sem esses serviços ou sem muitas opções de escolha, já que pode não ser vantajoso para a empresa se estabelecer ali.

..... **CAPÍTULO 36** .....

Dificultando promoções

> "Dispõe sobre a obrigatoriedade de os fornecedores de serviços prestados de forma contínua estenderem o benefício de novas promoções aos clientes preexistentes".
>
> (São Paulo – Lei, N° 15.854/2015) [36]

Uma das maneiras de desestimular boas ações é colocar obstáculos para que elas sejam feitas. Em São Paulo, a medida que obriga fornecedores a sempre estenderem benefícios de novas promoções a antigos clientes é um belo exemplo disso.

    Se coloque no lugar da pessoa responsável pela empresa. Ela busca atrair novos clientes e entregar um produto ou serviço por um valor atrativo. Contudo, toda vez que ela pensa em uma estratégia para conquistar novos clientes, ela tem que tomar cuidado com o efeito colateral que isso vai gerar nas suas finanças. Afinal, quanto maior o número de clientes ativos da empresa, maior o número de pessoas que terão acesso a essa promoção. Isso faz com que o custo de oportunidade do empresário seja muito alto no momento de criar uma promoção, dificultando a criação de ações que beneficiariam novos clientes.

    Imagine que toda vez que você fosse fazer um favor para alguém, tivesse que fazer esse mesmo favor para todos os seus amigos. Tá bem, promoções não são favores e clientes não são amigos. Mas a analogia serve para mostrar o custo que isso gera à pessoa que age e o quanto mais você precisaria ser cuidadoso antes de oferecer um favor a alguém.

Com isso, o incentivo que o mercado recebe é para não fazer novas promoções e, quem perde com isso, além do empresário, são os novos potenciais consumidores.

..... **CAPÍTULO 37** .....

Dança da chuva para lavar seu carro

> *"Obriga lava jatos a utilizarem água da chuva".*
> (Amazonas – Lei, *Nº 4.779/2019*) [37]

Existe uma lei no Amazonas que obriga os lava jatos a utilizarem água da chuva para realizar serviços de limpeza de veículos. Em caso de descumprimento da lei, o estabelecimento pode ter a autorização para funcionamento cassada definitivamente.

Segundo a lei, o objetivo é a "ampliação de postos de trabalho indireto decorrente da atividade de lava jato em veículos automotores".

Pelo fato de os postos terem que instalar um sistema de captação de água da chuva, o governo acredita que essa dificuldade gerará empregos.

Contudo, o que acontece na prática é que locais mais simples, sem a capacidade de instalar um sistema desses, irão fechar as portas.

Ou pessoas que pensaram em abrir um lava jato irão ter um forte barreira de entrada, deixando no mercado apenas os estabelecimentos com maiores recursos financeiros.

..... **CAPÍTULO 38** .....

Outro posto de combustível? Pergunta na cidade ao lado

"Distância mínima entre postos de combustíveis".
(Matinhos-PR – Lei, *N° 1.960/2018*) [38]

A cidade de Matinhos, no Paraná, tem menos de 30 mil habitantes. Ainda assim, alguns políticos acreditam que é necessário regular a distância entre os postos de gasolina no município.

De acordo com a lei 1.960, "A construção ou instalação de postos de combustíveis no âmbito do Município de Matinhos deverá obedecer à distância de afastamento mínima de 02 km (dois quilômetros) de qualquer outro posto existente ou licenciado".

Acontece que a cidade tem uma área de apenas 117 km². Com o limite mínimo de 2 km de distância entre postos de gasolina, a medida não deixa muito espaço para uma livre concorrência na cidade.

Esse é um jeito sutil de decretar um monopólio em um pequeno município.

..... **CAPÍTULO 39** .....

Burocratizando o elevador – seção 3: o retorno

> *"Obriga a presença de ascensoristas em elevadores".*
> (Rio de Janeiro-RJ – Lei, *Nº 1.626/1990*) [39]

Quantas vezes você já teve dificuldade em chamar um elevador? Provavelmente quando você era pequeno demais para alcançar o botão. Quando eu era criança, meu primo me colocava no elevador, apertava todos os andares e saia de lá, me deixando por um passeio infinito pelo prédio, já que eu não alcançava o botão para voltar ao andar certo.

Mas, tirando essa situação inusitada, o fato é que as pessoas costumam se virar bem quando o assunto é elevador. Dessa forma, assim como no exemplo do frentista, temos uma profissão que basicamente só existe por força de lei.

Toda vez que você observar uma situação como essa, na qual alguém está realizando um trabalho apenas porque é obrigatório, lembre-se de que o salário dessa pessoa está vindo dos bolsos de outra pessoa. Na maioria dos casos, esse dinheiro estaria sendo empregado em algo mais produtivo, ou pelo menos em algo que fosse da escolha voluntária do indivíduo.

..... PARTE V .....
Leis contra a liberdade

> "Governo é, em última instância, o emprego de homens armados, de policiais, guardas, soldados e carrascos. A característica essencial do governo é a de poder fazer cumprir os seus decretos batendo, matando e prendendo. Quem pede maior intervenção estatal está, em última análise, pedindo mais compulsão e menos liberdade".
>
> —*Ludwig von Mises*

Que direito uma pessoa tem de te dizer como viver sua vida? Quais comidas você deve comer, quais esportes deve praticar, qual plano de aposentadoria deve escolher? Imagino que você se revoltaria se seu vizinho decidisse essas questões por você e caso você não tivesse nenhuma alternativa a não ser seguir exatamente o que ele decidiu.

Contudo, suponhamos que esse mesmo vizinho seja um legislador. Agora, de fato, o que ele decidiu por você pode se concretizar por força de lei. E quando se trata de uma decisão do governo, as pessoas nem sempre sentem essa mesma revolta. Alguma chave muda na cabeça do indivíduo que vê como abominável seu vizinho mandar na sua vida, mas enxerga como legítimo um outro desconhecido decidir como você deve viver.

Se esse é o seu caso, espero mudar sua visão por meio dos exemplos levantados nessa parte do livro.

CAPÍTULO 40

Futebol é coisa de menino

"Impede mulheres de jogar futebol".
(Decreto Federal, *Nº 3.199/1941*) [40]

Futebol é um dos símbolos do Brasil e do brasileiro. Porém, o esporte já foi proibido de ser praticado por mulheres no Brasil por quase 40 anos. O Decreto-Lei nº 3.199, baixado na década de 1940 pelo então presidente Getúlio Vargas, proibia algumas modalidades esportivas para mulheres, entre elas o futebol.

Getúlio Vargas recebeu, antes da criação dessa lei, cartas de grupos incomodados com a existência de times femininos de futebol, como esta:

> Refiro-me, senhor Presidente, ao movimento entusiasta que está empolgando centenas de moças, atraindo-as para se transformarem em jogadoras de futebol, sem se levar em conta que a mulher não poderá praticar esse esporte violento sem afetar seriamente, o equilíbrio fisiológico das suas funções orgânicas, devido à natureza que a dispôs a ser mãe[1].

Dessa forma, em 1941, com o Decreto-lei que instituiu o Conselho Nacional de Desportos, ficou estabelecido que "às mu-

---

[1] Trata-se de um trecho da carta de José Fuzeira ao presidente (1882-1954) publicada em 7 de maio de 1940 no *Diário da Noite*.

CAPÍTULO 40 | *Futebol é coisa de menino*

lheres não se permitirá a prática de desportos incompatíveis com as condições de sua natureza, devendo, para este efeito, o Conselho Nacional de Desportos baixar as necessárias instruções às entidades desportivas do país".

Apenas em 1979 esta lei foi revogada e as primeiras ligas de futebol feminino foram criadas.

CAPÍTULO 41
Quero cafééé

"Proibido oferecer café já adoçado".
(São Paulo – Lei, *Nº 10.297/1999*) [41]

De acordo com a lei estadual de São Paulo, os bares, restaurantes e similares são obrigados a terem café amargo à disposição do cliente. O café já adoçado até pode ser oferecido, mas apenas caso também haja a opção do café amargo.

Logo, se o restaurante está oferecendo os dois tipos de cafés, mas o amargo acaba antes, ele vai ter que retirar o adoçado também, pois não pode oferecê-lo sem que haja a outra opção.

Para se ter um negócio no Brasil, é preciso até mesmo ficar de olho em qual café acabou primeiro, com o risco de você estar quebrando uma lei absurda.

CAPÍTULO 42

101 (Menos 96) Dálmatas

> *"Proibido criar mais de cinco animais domésticos por residência".*
>
> (Fortaleza - CE - Lei, N° 8.966/2005) [42]

Dentre as milhares de leis e projetos de leis no Brasil, um número considerável diz respeito à "causa animal". Já houve inclusive projetos de leis que obrigavam famílias a adotarem cães e gatos.

Contudo, essa é a única lei de meu conhecimento que vai na contramão dessa causa, proibindo justamente que pessoas possam oferecer abrigo e comida aos animais.

Em fevereiro de 2018, um cidadão de Fortaleza foi autuado por ter 23 cães em sua residência. Contudo, os abrigos se recusaram a aceitar os 18 cães "extras" e a prefeitura também disse que não tinha condições de cuidar dos animais.

Ou seja, cria-se uma lei, gera-se um problema que não existia anteriormente, e ainda atrapalha em dar a solução.

O cidadão não pode ter esses animais em casa; a prefeitura não tem como cuidar deles e, por causa de uma decisão arbitrária que escolheu o número 5 como número mágico em relação à quantidade de cachorros por residência, temos agora vários animais desabrigados nas ruas.

Para as pessoas que quiserem ter mais de 5 animais em casa, a única solução passa a ser a constituição de um CNPJ, com Alvará de Funcionamento e Licença Sanitária. Basicamente, uma barreira bem grande para aqueles que querem cuidar desses animais.

CAPÍTULO 43
Pare de fazer piada com o governo

> *"Proibido fazer piada com políticos".*
> (Lei Eleitoral, N° 9.504/1997) [43]

A Lei Eleitoral, em seu artigo 45, diz que é vedado às emissoras de rádio e televisão:

[...] usar trucagem, montagem ou outro recurso de áudio ou vídeo que, de qualquer forma, degradem ou ridicularizem candidato, partido ou coligação, ou produzir ou veicular programa com esse feito.

Você quer uma prova maior de que o governo deseja controlar cada uma das suas ações? Afinal, uma das coisas que mais ameaça um poder vigente é o humor e a risada. Não há nada mais eficaz do que o escárnio para desmoralizar os agentes do Estado.

..... **CAPÍTULO 44** .....
Barrando o avanço na educação

"Proibido utilizar o celular em sala de aula".
(Rio Grande do Sul – Lei, *Nº 12.884/2008*) [44]

Você sabia que é proibido utilizar o celular em sala de aula no Rio Grande do Sul? De acordo com a lei 12.884, de 2008, é proibida a utilização de aparelhos de telefonia celular dentro das salas de aula. Talvez a lei até fizesse algum sentido em 2008, quando quase não havia *smartphones* e as pessoas usavam o celular pra jogar o jogo da cobrinha. Contudo, hoje em dia os *smartphones* podem ser uma excelente ferramenta de ensino e aprendizado.

Na realidade, diversas instituições de ensino no mundo todo têm, inclusive, a exigência de que o aluno traga seu próprio computador ou, se preferir, seu *smartphone*, para acompanhar as atividades.

Por isso, como dizia Nassim Nicholas Taleb em sua obra *Antifrágil*[2]*, os sistemas centralizados, com ordens vindas de cima para baixo, são frágeis e estão fadados ao fracasso. Se tornam ultrapassados muito facilmente e não são rápidos o suficiente para se adaptarem às mudanças do ambiente.*

---

2   No Brasil encontra-se a seguinte nova edição: TALEB, Nassin Nicholas. *Antifrágil: Coisas que se beneficiam com o caos*. São Paulo: Objetiva, 2020.

Por outro lado, um sistema livre – desenhado de baixo para cima – tem um *feedback* mais rápido dos seus erros e acertos e, com isso, consegue se ajustar mais rapidamente às novas circunstâncias e necessidades.

CAPÍTULO 45
Lei Anticoxinha

"Proíbe alimentos não saudáveis em escolas públicas e privadas".

(Minas Gerais – Lei, N° 18.372/2009) [45]

Quando a lei já tem apelido próprio, é porque tem absurdo vindo. Segundo a lei – conhecida popularmente como "Lei Anticoxinha" – alguns alimentos têm sua venda proibida tanto nas escolas públicas quanto nas escolas privadas de Minas Gerais.

São vedados, nos estabelecimentos a que se refere o caput deste artigo, o fornecimento e a comercialização de produtos e preparações com altos teores de calorias, gordura saturada, gordura trans, açúcar livre e sal, ou com poucos nutrientes, nos termos de regulamento.

Com isso, se tornam proibidos: salgados fritos, salgados com massa folhada, refrigerantes, sucos artificiais, balas, chicletes, pirulitos, chocolates, doces, sorvetes, picolés, bolos, tortas doces, biscoitos recheados, pipocas industrializadas, batata fritas, *chips*, entre outros.

Claro, a tendência é que a venda desses produtos continue a ocorrer, de forma mais intensa, no lado de fora da escola, onde as crianças podem comprar esses produtos e levar para dentro do colégio.

Esse é o tipo de lei em que muitas pessoas argumentam dizendo que é positiva a retirada de alimentos não tão saudáveis das escolas. Eu não consigo ver uma redução na liberdade como algo positivo. Sem mencionar que é responsabilidade dos pais, e não do Estado, em educar as crianças a respeito do que é saudável e do que não é. Além do mais, não acredito que nenhuma criança esteja ganhando seu próprio salário a ponto de poder chegar na hora do recreio e tirar do seu bolso o dinheiro para comprar coxinha. Se esse dinheiro vem dos pais, cabe a eles a responsabilidade de dizer o que fazer com ele.

CAPÍTULO 46
Lei Anti-Lei Anticoxinha

> *"Exige a inclusão do doce de leite na merenda escolar dentro do Rio Grande do Sul".*
> (Rio Grande do Sul – Lei, Nº 15.347/2019) [46]

Eu sei, esse título ficou um pouco complicado. Mas vai fazer sentido, confira comigo. Na lei anterior, vimos que a Lei Anticoxinha em Minas Gerais proíbe, entre outras coisas, alimentos doces nas escolas públicas e particulares do estado.

E aqui temos uma lei que obriga justamente o contrário, exigindo a inclusão do doce de leite na merenda escolar dentro do Rio Grande do Sul.

É nessas horas que fica claro que argumentos como "mas é para o bem da população" ou "é uma preocupação com a saúde pública" são extremamente vagos. Um político acha que o bem da população é proibir o consumo de doces; o outro acha que o bem da população é obrigar o consumo de doces. A população, na realidade, fica refém do que um grupo de políticos decide.

No final, ninguém melhor que o próprio indivíduo para decidir o que é melhor pra ele.

..... CAPÍTULO 47 .....
Proibição de sorteios no Instagram

> *"Proibido realizar sorteios sem autorização da Caixa Econômica Federal".*
>
> (Portaria - N° 422/2013) [47]

Quantas vezes você já viu algum perfil nas redes sociais sorteando um produto ou até mesmo um serviço entre seus seguidores? Uma prática comum e inofensiva, certo? Bem, não na visão do governo.

De acordo com nossa lei, você é proibido de realizar qualquer sorteio, a não ser que tenha autorização da Caixa Econômica Federal, segundo o Art. 1º da Portaria, que diz:

> O pedido de autorização para a realização de distribuição gratuita de prêmios a título de propaganda, quando efetuada mediante sorteio, vale-brinde, concurso ou modalidade assemelhada, [...] deverá ser apresentado à Secretaria de Acompanhamento Econômico do Ministério da Fazenda ou à Caixa Econômica Federal.

O registro demora cerca de 45 dias para ser efetivado e a taxa de fiscalização custa entre R$27 e R$66.667, dependendo do valor do prêmio oferecido no sorteio.

Basicamente, estão afirmando que ninguém é confiável o suficiente para gerir um sorteio, a não ser que você seja um órgão estatal, como a Caixa Econômica Federal.

..... **CAPÍTULO 48** .....

Conserta-se cartazes

"Multa para cartazes com erros de ortografia".
(Pouso Alegre-MG – Lei, *N° 3.306/1997*) [48]

Algumas pessoas se incomodam muito ao ver erros de ortografia e concordância. Algumas pessoas passam do ponto e colocam isso como lei.

Foi o que aconteceu em Pouso Alegre, Minas Gerais. A lei municipal diz que toda publicidade veiculada por escrito – como faixas, cartazes, *outdoors*, panfletos – devem obedecer às regras de ortografia, regência e concordância oficiais da língua portuguesa. Para os que descumprirem tal norma, é aplicada uma multa que pode chegar a R$ 500.

Sim, português é uma língua complicada e, como se não bastasse, ainda acontecem revisões do acordo ortográfico de tempos em tempos. Sendo assim, erros acontecem. Isso não necessariamente prejudica ninguém e nem configura um problema. Ainda assim, o estado decide punir esse erro com uma multa em dinheiro.

Você escreve algo errado, não prejudica ninguém – talvez apenas sua imagem – e ainda leva uma multa.

E tem gente que ainda diz que faltam leis no Brasil?

CAPÍTULO 49
Patriotismo se aprende em casa... ou na cozinha

> *"Proibido construir uma abertura entre a cozinha e a sala".*
>
> (Manaus-AM – Lei, *Nº 1.208/1975*) [49]

De acordo com o código de obras para edificações no município de Manaus, no seu Artigo 167, é proibida a abertura de cozinha diretamente para a sala, a famosa "cozinha americana".

Talvez a lei tenha surgido numa tentativa patriótica de impedir o malvado imperialismo *yankee* de tomar conta das cozinhas manauaras. Afinal, talvez seja justamente começando pelas cozinhas da população amazonense que os Estados Unidos planejam tomar a Amazônia de vez.

Os próximos passos seriam proibir a montanha russa, o corredor polonês, o carrossel holandês e também o pão francês.

CAPÍTULO 50
Quantas pessoas podem dormir no mesmo quarto?

"Permite que apenas dois adultos durmam no mesmo quarto".
(Governador Celso Ramos-SC – Lei, *Nº 1.331/2019*) [50]

Chegamos ao cúmulo de ter uma lei que limita o número de pessoas que podem dormir no mesmo quarto. Sim. Isso mesmo.

Essa lei é válida para imóveis locados durante o verão no município de Governador Celso Ramos. E sim, existe multa para aqueles que descumprirem a medida e ousarem colocar mais de dois adultos na mesma habitação.

Eu também não consigo imaginar a fiscalização dessa lei acontecendo. Mas, o que temos certeza é que ela existe e faz parte das leis mais absurdas do Brasil.

..... **CAPÍTULO 51** .....
Um Louvre em cada prédio

"Obriga edifícios a manter uma obra de arte".
(Porto Alegre-RS – Lei N^o *10.036/2006*) [51]

Para fechar com chave de ouro essa parte, te apresento uma lei que visa melhorar a estética do seu ambiente em casa. Isso mesmo, mais uma regulação que te diz o que fazer e o que não fazer ao decorar sua própria moradia. E quando eu falo que o Estado quer controlar cada área da sua vida, ainda tem gente que acha que eu exagero. A liberdade é algo que se vai perdendo aos poucos, até o momento em que você acha que é normal ter alguém decidindo o que você pode e o que não pode fazer até mesmo dentro da sua própria casa.

De acordo com a Lei Municipal N^o *10.036* de Porto Alegre (RS), qualquer edifício com área igual ou superior a 2.000m² deve conter, em local visível, uma obra de arte. Essa obra deve ter sido criada por um artista plástico cadastrado no Poder Executivo Municipal.

Para se obter a Carta de Habilitação, é necessário comprovar que a obra de arte foi concluída e colocada no local previamente determinado no projeto. Sem isso, não se tem a aprovação da prefeitura para que o prédio seja inaugurado.

Além disso, essa obra não pode ser retirada, substituída ou alterada sem autorização prévia do Poder Executivo Municipal e, claro, os custos de manutenção da mesma serão de responsabilidade dos proprietários do edifício.

CAPÍTULO 51 | *Um Louvre em cada prédio*

Por fim, caso a edificação venha a ser demolida, a obra de arte não irá ficar com os donos do edifício, mas será revertida ao governo, que irá decidir o que fazer dela.

Essa lei não só atenta contra a liberdade, como também é uma reserva de mercado para artistas da cidade. Um combo que nosso governo é mestre em fazer.

BÔNUS

CAPÍTULO 52

Uma vez presidente, sempre presidente

> "Ex-presidentes têm direito a quatro servidores para apoio e segurança, mais dois carros oficiais com motoristas".
>
> (Lei Federal, N° 7.464/1986) [52]

Com tantas leis inúteis existentes e com a constante criação de novas leis, não é de se espantar que, volta e meia, nos deparemos com algum absurdo que ainda não tínhamos conhecimento.

Por isso, no momento de revisão deste livro, encontrei uma pérola que certamente merece fazer parte das leis absurdas do Brasil.

De acordo com a Lei N° 7.464 de 1986, todo ex-presidente da República tem direito a "utilizar os serviços de quatro servidores, para segurança e apoio pessoal, bem como a dois veículos oficiais com motoristas, custeadas as despesas com dotações próprias da Presidência da República". Esses servidores e motoristas são de livre indicação do ex-presidente.

Suponho que você também ficaria feliz em saber que está pagando esses mimos para todos os nosso queridos ex-presidentes.

APÊNDICE[3]

---

[3] Optamos por não alterar as edições originais dos textos legislativos, deixando-os assim como encontramos na versão eletrônica. A opção pela não-padronização se deu pelo zelo aos textos legislativos tal como concebidos pelas casas parlamentares, ofertando assim ao leitor o texto regulamentar tal como está promulgado nas diversas residências legislativas citadas. Pequenas correções podem ter sido emendadas, mas nada que alterasse a forma originária do texto oficial. (N.E.)

ANEXO 1

Lei, *Nº 8.118* de 13 de novembro de 2000[4].

DISPÕE SOBRE A COMERCIALIZAÇÃO DE BATATA *IN NATURA* NO VAREJO.

O Presidente da Câmara Municipal de Belo Horizonte, no uso de suas atribuições legais e atendendo ao que dispõe o 6º combinado com o 8º do art. 92 da Lei Orgânica do Município de Belo Horizonte, promulga a seguinte Lei:

Art. 1º O estabelecimento que comercializa batata *in natura* a varejo fica obrigado a informar, na embalagem do produto ou em placa fixada junto ao produto, em local facilmente visível pelo consumidor, a variedade do produto e sua melhor utilização culinária, se fritura ou cozimento.

Art. 2º O descumprimento do disposto nesta Lei sujeita o infrator às seguintes penalidades:

---

4   Disponível em: <https://leismunicipais.com.br/a1/mg/b/belo-horizonte/lei-ordinaria/2000/812/8118/lei-ordinaria-n-8118-2000-dispoe-sobre-a-comercializacao-de-batata-in-natura-no-varejo>. Acesso em 26/ago/2020.

I - advertência para que seja sanada a irregularidade no prazo de 15 (quinze) dias;

II - multa no valor de 500 UFIR (quinhentas unidades fiscais de referência) no caso de descumprimento do disposto no inciso I;

III - multa em dobro, em caso de reincidência.

Parágrafo Único - Entende-se por reincidência a ocorrência de infração a cada 15 (quinze) dias, contados da data da aplicação da última multa.

Art. 3º O Executivo regulamentará esta Lei no prazo de 30 (trinta) dias, contados de sua publicação.

Art. 4º Esta Lei entra em vigor 30 (trinta) dias após a data de sua publicação.

Vereador César Masci
Presidente

ANEXO 2

Lei, *Nº 4314* de 24 de junho de 1998⁵.

Autoriza o Poder Executivo a tomar as medidas necessárias para o registro do Sanduíche Bauru

ENG.o ANTONIO IZZO FILHO, Prefeito Municipal de Bauru, Estado de São Paulo, faz saber que a Câmara Municipal aprovou e ele sanciona e promulga a seguinte lei:

Artigo $1°$ - Com o objetivo de manter inalterada a receita original do sanduíche Bauru, fica o Poder Executivo autorizado a tomar todas as medidas necessárias para o registro do Sanduíche Bauru, como produto idealizado por um bauruense.

Artigo $2°$ - Para fins desse registro deverão ser considerados:

a) que a origem desse sanduíche deu-se na cidade de São Paulo, precisamente no Restaurante Ponto Chic, localizado no Largo do Paissandu, por iniciativa do bauruense Casemiro Pinto Neto, conhecido como "o Bauru",

---

5   Disponível em: <https://sapl.bauru.sp.leg.br/consultas/norma_juridica/norma_juridica_mostrar_proc?cod_norma=4472>. Acesso em 26/ago/2020.

quando estudante de direito no Largo de São Francisco, que sugeriu a confecção do primeiro sanduíche com a receita por ele formulada;

b) a receita, constituída com os seguintes ingredientes: pão francês, fatias de rosbife, tomate em rodelas, picles de pepino em rodelas, mussarela, orégano, água e sal;

c) a maneira de fazer o sanduíche, que é a seguinte:

1. corta-se o pão francês ao meio e retira-se o miolo da parte superior, como se fosse uma pequena canoa;
2. na metade inferior, colocam-se as fatias frias do rosbife e sal a gosto;
3. por cima, distribuem-se algumas rodelas de tomate e pepino, polvilhando com orégano a gosto;
4. à parte, coloca-se um pouco de água numa frigideira. Quando ferver, coloca-se a mussarela a ser derretida;
5. retira-se a mussarela da água e coloca na metade da canoa da metade superior do pão, unindo-se as duas partes. O calor da mussarela vai aquecer os ingredientes da outra metade.

d) preservar a iniciativa do Senhor José Francisco Júnior, o "Zé do Skinão", proprietário do Bar do Skinão, localizado na confluência da Rua Gustavo Maciel com a Avenida Rodrigues Alves, que manteve o hábito de fazer sempre o sanduíche, observando a receita de seu idealizador;

e) perenizar a "Festa do Sanduíche Bauru", idealizada pelo Vereador Sérgio Purini e realizada anualmente na Praça Rui Barbosa.

Artigo 3º - As despesas necessárias para o registro proposto no artigo 1º desta lei serão atendidas com dotações próprias do orçamento vigente, suplementadas se necessário.

Artigo 4º - Esta lei entrará em vigor na data de sua publicação, revogadas as disposições em contrário.

Bauru, 24 de junho de 1998.

ANEXO 3

Lei, *Nº 3757/2015* de 26 de janeiro de 2015[6]

"DISPÕE SOBRE A OBRIGATORIEDADE DAS AGÊNCIAS BANCÁRIAS DISPONIBILIZAREM MATERIAL PARA LEITURA E DÁ OUTRAS PROVIDÊNCIAS".

O Presidente da Câmara de Vereadores de Balneário Camboriú, Estado de Santa Catarina, no uso de suas atribuições legais e na conformidade com o disposto no inciso V do art. 45 da Lei Orgânica do Município de Balneário Camboriú - SC, Faz saber que a Câmara de Vereadores aprovou, e eu promulgo a seguinte Lei:

Art. 1º Ficam as agências bancárias obrigadas a disponibilizar para os seus clientes, materiais para leitura.

§ 1º Os materiais disponibilizados para leitura, jornais, revistas dar-se-á preferência àqueles de circulação regional e estadual, bem como aqueles de interesse da própria agência na divulgação de seus produtos.

---

6 Disponível em: <https://leismunicipais.com.br/a1/sc/b/balneario-camboriu/lei-ordinaria/2015/375/3757/lei-ordinaria-n-3757-2015-dispoe-sobre-a-obrigatoriedade-das-agencias-bancarias-disponibilizarem-material-para-leitura-e-da-outras-providencias>. Acesso em 26/ago/2020.

§ 2º Todos os materiais de leitura colocados à disposição dos clientes preferencialmente jornais e revistas deverão ser atualizados sendo: diários, semanais e mensais.

Art. 2º O material para leitura, que se refere o parágrafo único, deverá estar exposto em local visível e, preferencialmente, próximo aos assentos de espera para atendimento.

Art. 3º O descumprimento do disposto nesta Lei sujeitará a agência bancária às seguintes penalidades:

I - notificação de advertência para sanar a irregularidade no prazo de 15 (quinze) dias, na primeira infração;

II - multa de 02 (duas) UFMs, após o prazo previsto no inciso I, se persistir a irregularidade nos 30 (trinta) dias subsequentes;

III - multa dobrada quando houver reincidência.

Parágrafo Único - Considera-se reincidência o cometimento da mesma infração a cada período de 30 (trinta) dias após aplicação da multa prevista no inciso II.

Art. 4º O Poder Executivo regulamentará esta Lei no prazo de 90 (noventa) dias a contar da data de sua publicação.

Art. 5º Esta Lei entra em vigor na data de sua publicação.

Balneário Camboriú (SC), 21 de janeiro de 2015.

VEREADOR NILSON FREDERICO PROBST
Presidente

ANEXO 4

Lei, N° 7.587 de 21 de novembro de 2017[7].

A CÂMARA MUNICIPAL DE PETRÓPOLIS DECRETOU E EU SANCIONO A SEGUINTE

LEI No 7.587 de 21 de novembro de 2017

Fica criado o Dia do Servidor(a) Público Municipal "Bonito Esteticamente", no município de Petrópolis.

Art. 1º – Fica criado o "Dia do Servidor(a) Público Municipal "Bonito Esteticamente".

I – É necessário que esteja em pleno exercício de suas funções no Executivo ou no Legislativo.

II – Uma comissão formada por 3(três) membros da Câmara Municipal selecionará aleatoriamente os participantes, ou por meio da indicação das secretarias, companhias mistas, legislativo e executivo.

....
7   Disponível em: <http://www.petropolis.rj.gov.br/pmp/index.php/servicos-
-na-web/informacoes/diario-oficial/finish/219-novembro/4124-5316-quar-
ta-feira-22-de-novembro-de-2017.html>. Acesso em 26/ago/2020.

III – O servidor será escolhido através de um colegiado formado por 10(dez) mulheres em evento exclusivo para tal fim.

Art. 2º – A Regulamentação do referido concurso, será feita da seguinte forma:

I – O concurso não poderá exceder a 10 (dez) participantes que receberão um número de 1 a 10, por sorteio.

II – O concurso se dará sempre no Teatro Dom Pedro, às 20 horas, na segunda sexta-feira do mês de dezembro para os homens e mulheres, ou eventualmente para um dos dois. Neste ano de 2017, o concurso se realizará no dia 08 de dezembro.

III – Os participantes desfilarão graciosamente.

IV – Cada participante colaborará com a venda de 10 (dez) ingressos. O valor do ingresso será de R$ 20,00 (vinte reais), visto se tratar de evento beneficente.

V – A venda dos ingressos será revertida para 3(três) Instituições de Caridade, sendo uma de idosos, uma de deficientes e uma de crianças, a critério das primeiras damas do Executivo e do Legislativo.

VI – A entrega do valor apurado às instituições será feito pela 1a Dama do município de Petrópolis e a 1a Dama do Poder Legislativo.

VII – Se eventualmente houver despesa, será descontada dos ingressos vendidos.

VIII – As pessoas poderão colaborar em espécie ou com aquisição de ingressos.

APÊNDICE

IX – Comprando o ingresso, as pessoas concorrerão a 3(três) prêmios de vale roupas no valor de R$ 100,00, que serão sorteados durante o evento.

X – As pessoas receberão o prêmio na loja cujo nome será anunciado no momento do sorteio.

XI – A prestação de contas do evento será feita por 3(três) membros do Poder Legislativo, a critério da Mesa Diretora.

XII – Os concorrentes se vestirão da maneira que melhor lhes convier, desde que não seja sunga ou *short* para homens e maiô ou biquíni para mulheres.

XIII – Os 3 (três) primeiros participantes classificados ganharão medalhas correspondentes à sua colocação e, os [sic] demais medalhas de participação.

XIV – O júri será formado por 10(dez) mulheres que farão o julgamento no momento do evento. Apurados os votos, declarar-se-á o resultado dos vencedores.

XV – Na abertura do evento e no intervalo para apuração, teremos a apresentação de uma atração.

XVI – É de fundamental importância que o cerimonial da Câmara Municipal de Petrópolis se faça presente na organização do evento, devendo estar no Teatro D. Pedro uma hora antes do início para agilizar a entrada das pessoas.

Art. 3º – Esta Lei entrará em vigor, na data de sua publicação, revogadas as disposições em contrário.

Mando, portanto, a todos a quem o conhecimento da presente Lei competir, que a executem e a façam executar, fiel e inteiramente como nela se contém.

Gabinete do Prefeito de Petrópolis, em 21 de novembro de 2017.

BERNARDO ROSSI
Prefeito

ANEXO 5

Lei, N° 5.292 de 11 de julho de 2011[8].

Legislação - Lei Ordinária

Texto da Lei

O Presidente da Câmara Municipal do Rio de Janeiro nos termos do art. 79, § 7º, da Lei Orgânica do Município do Rio de Janeiro, de 5 de abril de 1990, não exercida a disposição do § 5º do artigo acima, promulga a Lei nº 5.292, de 11 de julho de 2011, oriunda do Projeto de Lei nº 98, de 2009, de autoria do Senhor Vereador Roberto Monteiro.

LEI Nº 5.292, DE 11 DE JULHO DE 2011
☒ Torna obrigatória a fixação de cartazes orientadores para condução de mochilas onde menciona, e dá outras providências.

Art. 1º Os elevadores, os carros do metrô e os ônibus, os prédios comerciais e de serviços e de uso misto, edificações dos poderes públicos, as lojas de departamento e os *shopping-centers* deverão fixar cartazes com

---

[8] Disponível em: <https://mail.camara.rj.gov.br/APL/Legislativos/contlei.nsf/c5e78996b82f9e0303257960005fdc93/691dae07f33a8ca-9832578ca00691720?OpenDocument>. Acesso em 29/ago/2020.

informação sobre a forma mais correta de se transportar mochilas ou os chamados *backpackers*.

§1º Os cartazes serão confeccionados com material plástico ou metálico ou adesivo, de grande durabilidade e resistência, terão no mínimo uma área de setecentos centímetros quadrados, como seguinte desenho e dizeres:

§2º Os cartazes deverão ser instalados em local de fácil leitura obedecendo a seguinte forma:

I – elevadores, carros do metrô e os ônibus: um cartaz para cada conjunto de duas portas internas e externas existentes;

II – prédios comerciais e de serviços e de uso misto acima de quatro andares inclusive, assim como em todas as edificações dos poderes públicos, lojas de departamento e *shopping-centers* um em cada porta de acesso e em cada uma das escadas rolantes, se houver.

Art. 2º As empresas ou órgãos públicos responsáveis pelos meios de transporte mencionados no inciso I do art. 2º, assim como os condomínios responsáveis pelas edificações mencionadas no inciso II do art. 2º que não cumprirem esta Lei ficam sujeitos ao pagamento de multa de R$ 1.000,00 (mil reais), que será aplicada pelo órgão municipal competente,

APÊNDICE

sem prejuízo da aplicação das demais sanções previstas na legislação em vigor.

Parágrafo único. A cada mês que for constatado o não cumprimento do que determina esta Lei será cobrada nova multa acrescida de cinquenta por cento.

Art. 3º Os responsáveis mencionados no art. 3º terão prazo de sessenta dias para se adequar ao fiel cumprimento desta Lei.

Art. 4° Esta Lei entra em vigor na data de sua publicação.

Câmara Municipal do Rio de Janeiro, em 11 de julho de 2011.

Vereador JORGE FELIPPE
Presidente

ANEXO 6

Lei, N° 9.502, de 11 de março de 1997[9].

Dispõe sobre avisos a serem fixados nas portas externas dos elevadores instalados nas edificações públicas e particulares.

O Presidente da Assembleia Legislativa:

Faço saber que a Assembleia Legislativa decreta e eu promulgo, nos termos do Artigo 28, § 4°, da Constituição do Estado, a seguinte lei:

Artigo 1° - Os prédios comerciais, edifícios de apartamentos, escritórios e outros estabelecimentos congêneres, públicos ou particulares, dotados de elevadores, ficam obrigados a fixar junto às portas externas desses equipamentos plaquetas de advertência aos usuários, com os seguintes dizeres: "Aviso aos passageiros: antes de entrar no elevador, verifique se o mesmo encontra-se parado neste andar".

Artigo 2° - A não observância do disposto na presente lei ensejará a aplicação de multas aos infratores.

....

[9] Disponível em: <https://www.al.sp.gov.br/repositorio/legislacao/lei/1997/lei-9502-11.03.1997.html. Acesso em 29/ago/2020.

APÊNDICE

Artigo 3º - O Poder Executivo regulamentará esta lei no prazo de 90 (noventa) dias contados da data de sua publicação, inclusive fixando os valores das multas a que se refere o artigo anterior.

Artigo 4º - Esta lei entrará em vigor na data de sua publicação.

Assembleia Legislativa do Estado de São Paulo, aos 11 de março de 1997.

RICARDO TRÍPOLI
Presidente

Publicada na Secretaria da Assembleia Legislativa do Estado de São Paulo, aos 11 de março de 1997.

AURO AUGUSTO CALIMAN
Secretário Geral Parlamentar

LEI N. 9.502, DE 11 DE MARÇO DE 1997

Retificações
Leia-se como segue e não como constou:

(Projeto de lei n. 30, de 1996, do Deputado Vitor Sapienza - PMDB)
Dispõe sobre avisos a serem fixados nas portas externas dos elevadores instalados nas edificações públicas e particulares

ANEXO 7

Lei, *N° 10.406* de 10 de Janeiro de 2002[10].

Seção II

Da Descoberta

Art. 1.233. Quem quer que ache coisa alheia perdida há de restituí-la ao dono ou legítimo possuidor.

Parágrafo único. Não o conhecendo, o descobridor fará por encontrá-lo, e, se não o encontrar, entregará a coisa achada à autoridade competente.

Art. 1.234. Aquele que restituir a coisa achada, nos termos do artigo antecedente, terá direito a uma recompensa não inferior a cinco por cento do seu valor, e à indenização pelas despesas que houver feito com a conservação e transporte da coisa, se o dono não preferir abandoná-la.

Parágrafo único. Na determinação do montante da recompensa, considerar-se-á o esforço desenvolvido pelo descobridor para encontrar o

---

10 Disponível em: <http://www.planalto.gov.br/ccivil_03/leis/2002/L10406compilada.htm>. Acesso em 29/ago/2020.

APÊNDICE

dono, ou o legítimo possuidor, as possibilidades que teria este de encontrar a coisa e a situação econômica de ambos.

Art. 1.235. O descobridor responde pelos prejuízos causados ao proprietário ou possuidor legítimo, quando tiver procedido com dolo.

Art. 1.236. A autoridade competente dará conhecimento da descoberta através da imprensa e outros meios de informação, somente expedindo editais se o seu valor os comportar.

Art. 1.237. Decorridos sessenta dias da divulgação da notícia pela imprensa, ou do edital, não se apresentando quem comprove a propriedade sobre a coisa, será esta vendida em hasta pública e, deduzidas do preço as despesas, mais a recompensa do descobridor, pertencerá o remanescente ao Município em cuja circunscrição se deparou o objeto perdido.

Parágrafo único. Sendo de diminuto valor, poderá o Município abandonar a coisa em favor de quem a achou.

ANEXO 8

Portaria CVS/SES-SP, *Nº. 6/99* de 10 de Março de 1999[11].

A Diretora Técnica do Centro de Vigilância Sanitária da Secretaria de Estado da Saúde,
Considerando:
- A Lei 10083 de 23 de Setembro de 1998;
- A Lei 8080/90 de 19 de Setembro de 1990;
- A Portaria MS-1428 de 26 de Novembro de 1993;
- A Portaria MS-326 de 30 de Julho de 1997;
- A Resolução SS-38 de 27/02/96, e
- A Portaria CVS-1 DITEP de 13/01/98, resolve:

Artigo 1º - Aprovar o presente "Regulamento Técnico, que estabelece os Parâmetros e Critérios para o Controle Higiênico-Sanitário em Estabelecimentos de Alimentos", constante no Anexo Único.
Artigo 2º - Para os parâmetros/critérios não previstos neste Regulamento deve ser obedecida a legislação vigente ou serem submetidos a parecer do CVS - Centro de Vigilância Sanitária.

---

[11] Disponível em: <http://www.cvs.saude.sp.gov.br/zip/E_PT-CVS-06_100399.pdf>. Acesso em 5/jan/2021.

APÊNDICE

Artigo 3º - Ficam alterados os itens 13 e 14 do Artigo 2º da Portaria CVS-15 de 07/11/91, referentes ao transporte de alimentos quentes, refrigerados e congelados.

Artigo 4º - Esta Portaria entra em vigor na data de sua publicação.

Anexo Único

Regulamento técnico sobre os parâmetros e critérios para o controle higiênico-sanitário em estabelecimentos de alimentos

[...]

23.3 - Na preparação

- não oferecer para consumo ovos crus;
- não oferecer para consumo alimentos preparados onde os ovos permaneçam crus;
- preparações sem cocção (cremes, mousses, maioneses, etc.) utilizar: ovos pasteurizados, ovos desidratados, ovos cozidos;
- preparações quentes: ovos cozidos por 7 minutos em fervura, no mínimo ovos fritos com a gema dura;
- omeletes, empanados, milanesa, bolos, doces, etc., atingir 74ºC no centro geométrico.

ANEXO 9

Lei Complementar, N° 0077, de 24 de abril de 2019[12].

"Altera-se o inciso VIII , incluem-se o inciso IX e §§ 1º, 2º e 3º no Art.161 da LC Nº 05/2010".

AMADEU DE ALMEIDA BOEIRA, Prefeito Municipal de Vacaria, Estado do Rio Grande do Sul.

Faço saber que a Câmara Municipal de Vereadores aprovou e eu sanciono a seguinte lei.

Art. 1º. O inciso VIII do Art. 161 da Lei Complementar Nº 05/2010 passará a ter a seguinte redação:

"*Art. 161...*

VIII - Apresentações artísticas.

---

[12] Disponível em: <https://www.camaravacaria.igamtec.com.br/camara/pro-posicao/Lei-Complementar/2019/1/0/15751#lista_texto_proposicao>. Acesso em 29/ago/2020.

APÊNDICE

Art. 2º. Inclui-se o inciso IX do Art. 161 na Lei Complementar Nº 05/2010 com a seguinte redação:

"Art. 161...

IX - Mendicância e doação de esmolas".

Art. 3º. Incluem-se os §§ 1º, 2º e 3º no Art. 161 na Lei Complementar Nº 05/2010, com a seguinte redação:

"§ 1º. Excetua-se do disposto no inciso II deste artigo, carrinhos para crianças e para deficientes físicos e, em ruas de pouco movimento, triciclos e bicicletas de uso infantil.
§ 2º. Não se enquadra no disposto no inciso IX deste artigo, pedágios comunitários, realizados por associações sem fins lucrativos, que tenham pedido autorização ao Executivo com antecedência de 10 (dez) dias.
§ 3º. A Administração Pública Municipal instalará placas educativas, destinadas a desestimular a prática de doação de esmolas, em locais de grande circulação de pessoas, bem como junto aos semáforos, ou ainda, na frente de lojas abertas 24 (vinte e quatro) horas, informando telefones para a população obter informações sobre as ações do Município".

Art. 4º. Esta Lei entra em vigor na data da sua publicação.

AMADEU DE ALMEIDA BOEIRA
Prefeito Municipal

RUBEM ANTÔNIO DOS SANTOS FILHO
Diretor Executivo Secretaria Municipal de Gestão e Finanças

ANEXO 10

Lei, *Nº 16.648*, de 11 de Janeiro de 2018[13].

(Projeto de lei *nº 390*, de 2017, dos Deputados Gilmaci Santos - PRB, Milton Vieira - PRB, Sebastião Santos - PRB e Wellington Moura - PRB)

Partes vetadas e mantidas pela Assembleia Legislativa, do projeto que se transformou na Lei nº 16.648, de 11 de janeiro de 2018, que institui, no âmbito dos estabelecimentos carcerários das comarcas do Estado, a possibilidade de remição da pena pela leitura.

O GOVERNADOR DO ESTADO DE SÃO PAULO:
Faço saber que a Assembleia Legislativa decreta e eu promulgo, nos termos do artigo 28, § 7º, da Constituição do Estado, os seguintes dispositivos da Lei nº 16.648, de 11 de janeiro de 2018, da qual passam a fazer parte integrante:
Artigo 1º - ....
Parágrafo único - O disposto neste artigo aplica-se igualmente às hipóteses de prisão cautelar.
Artigo 2º - ....

---

[13] Disponível em: <https://www.al.sp.gov.br/repositorio/legislacao/lei/2018/lei-16648-11.01.2018.html>. Acesso em 29/ago/2020.

APÊNDICE

Parágrafo único - Sendo a Bíblia a obra literária escolhida, esta será dividida em 39 (trinta e nove) livros segundo o Velho Testamento e 27 (vinte e sete) livros integrantes do Novo Testamento, considerando-se assim a leitura de cada um destes livros como uma obra literária concluída.

Artigo 3º - A remição da pena pela leitura tem também o objetivo de levar ao preso o conhecimento, a educação, a cultura e o desenvolvimento da capacidade crítica por meio da leitura e da produção de relatórios de leituras e resenhas.

Artigo 4º - A participação do preso será sempre voluntária.

§ 1º - Podem participar todos os presos da unidade que tenham as competências de leitura e escrita, necessárias para a execução das atividades e da elaboração do trabalho final, consistente em resenha da obra literária, objeto do estudo.

§ 2º - Terão preferência na participação os presos custodiados que ainda não têm acesso ou não estão matriculados em programas de alfabetização e escolarização.

Artigo 5º - A seleção dos presos e a orientação das atividades serão feitas por comissão, nomeada e presidida pelo diretor da unidade carcerária.

Parágrafo único - O diretor da unidade carcerária dará ciência aos membros da comissão dos termos do artigo 130 da Lei Federal nº 7.210, de 11 de julho de 1984.

Artigo 6º - Formada a turma de participantes, a comissão promoverá oficina de leitura cientificando-os da necessidade de alcançar os objetivos propostos para que haja a concessão da remição da pena, a saber:

a) estética: respeitar parágrafo, não rasurar, respeitar margem, letra cursiva e legível;

b) limitação ao tema: limitar-se a resenhar somente o conteúdo do livro, isto é, não citar assuntos alheios ao objetivo proposto;

c) fidedignidade: proibição de resenhas que sejam consideradas plágio.

§ 1º - Participará da oficina de leitura, sempre que possível, o escritor que tenha indicado a obra para leitura ou que seja o autor do livro objeto de estudo.

§ 2º - Poderão, ainda, participar das oficinas de leitura, com vistas ao incentivo à leitura e ao desenvolvimento da escrita como forma criativa de expressão, todos os funcionários da unidade prisional e possíveis colaboradores.

Artigo 7º - O participante terá o prazo de 30 (trinta) dias para leitura da obra literária, apresentando ao final deste período e no prazo de 10 (dez) dias resenha a respeito do assunto.

Artigo 8º - A contagem de tempo para fins de remição será feita segundo os critérios estabelecidos na Portaria Conjunta nº 276, de 20 de junho de 2012, do Departamento Penitenciário Nacional - DEPEN, à razão de 4 (quatro) dias de pena para cada 30 (trinta) dias de leitura.

Parágrafo único - O participante, no prazo de 12 (doze) meses, terá a possibilidade de remir até 48 (quarenta e oito) dias de sua pena.

Artigo 9º - A remição pela leitura será assegurada de forma paritária com a remição concedida ao trabalho e cumulativa quando envolver a realização paralela das duas atividades, se compatíveis.

Artigo 10 - A comissão analisará os trabalhos produzidos, observando os aspectos relacionados à compreensão e compatibilidade do texto com o livro objeto da leitura, bem como aqueles relacionados no artigo 6º, "*caput*", arguirá o participante sobre o conteúdo do livro e da resenha por ele feita, e atestará o prazo de 30 (trinta) dias de leitura.

§ 1º - O resultado da análise da comissão será enviado ao Juízo por ofício, instruído com a resenha, a declaração de sua fidedignidade ou de plágio, assinada por todos os membros da comissão, e os atestados da arguição oral e do tempo de leitura.

§ 2º - O Juízo, após a oitiva do Ministério Público e da defesa, decidirá sobre o aproveitamento do participante e a correspondente remição.

§ 3º - Na hipótese de declaração de plágio, o Juízo poderá realizar a arguição oral do participante, cientificando o Ministério Público e a defesa da data agendada.

§ 4º - O prazo de 30 (trinta) dias de leitura, quando constatado o plágio por decisão judicial, não será aproveitado para fins de remição, ainda que o participante apresente outra resenha sobre a obra lida.

Artigo 11 - A direção da unidade carcerária encaminhará, mensalmente, ao Juízo cópia do registro de todos os participantes, com informação referente ao item de leitura de cada um deles.

APÊNDICE

Artigo 12 - O Governo do Estado poderá firmar convênios, termos de cooperação, ajustes ou instrumentos congêneres com órgãos e entidades da administração pública direta e indireta para a execução das ações do projeto "Remição pela Leitura".

Parágrafo único - Poderão participar das execuções destas ações as igrejas colaboradoras que atuam internamente na recuperação dos detentos do Sistema Penitenciário do Estado.

Artigo 13 - A remição da pena pela leitura será declarada pelo juiz competente para a execução da pena, ouvido o Ministério Público e a defesa.

Artigo 14º -..............................

Palácio dos Bandeirantes, aos 11 de junho de 2018.

Márcio França

Publicada na Assessoria Técnica da Casa Civil, em 11 de junho de 2018.

ANEXO 11

Lei, *Nº 12.663*, de 5 de Junho de 2012[14].

Dispõe sobre as medidas relativas à Copa das Confederações FIFA 2013, à Copa do Mundo FIFA 2014 e à Jornada Mundial da Juventude - 2013, que serão realizadas no Brasil; altera as Leis Nºs 6.815, de 19 de agosto de 1980, e 10.671, de 15 de maio de 2003; e estabelece concessão de prêmio e de auxílio especial mensal aos jogadores das seleções campeãs do mundo em 1958, 1962 e 1970.

A PRESIDENTA DA REPÚBLICA Faço saber que o Congresso Nacional decreta e eu sanciono a seguinte Lei:

CAPÍTULO IX
DISPOSIÇÕES PERMANENTES

Art. 37. É concedido aos jogadores, titulares ou reservas das seleções brasileiras campeãs das copas mundiais masculinas da FIFA nos anos de 1958, 1962 e 1970: (Produção de efeito)

I - prêmio em dinheiro; e

II - auxílio especial mensal para jogadores sem recursos ou com recursos limitados.

---

14   Disponível em: <http://www.planalto.gov.br/ccivil_03/_Ato2011-2014/2012/Lei/L12663.htm>. Acesso em 29/ago/2020.

APÊNDICE

Art. 38. O prêmio será pago, uma única vez, no valor fixo de R$ 100.000,00 (cem mil reais) ao jogador. (Produção de efeito)

Art. 39. Na ocorrência de óbito do jogador, os sucessores previstos na lei civil, indicados em alvará judicial expedido a requerimento dos interessados, independentemente de inventário ou arrolamento, poder-se-ão habilitar para receber os valores proporcionais a sua cota-parte. (Produção de efeito)

Art. 40. Compete ao Ministério do Esporte proceder ao pagamento do prêmio. (Produção de efeito)

Art. 41. O prêmio de que trata esta Lei não é sujeito ao pagamento de Imposto de Renda ou contribuição previdenciária. (Produção de efeito)

Art. 42. O auxílio especial mensal será pago para completar a renda mensal do beneficiário até que seja atingido o valor máximo do salário de benefício do Regime Geral de Previdência Social. (Produção de efeito)

Parágrafo único. Para fins do disposto no *caput*, considera-se renda mensal 1/12 (um doze avos) do valor total de rendimentos tributáveis, sujeitos a tributação exclusiva ou definitiva, não tributáveis e isentos informados na respectiva Declaração de Ajuste Anual do Imposto sobre a Renda da Pessoa Física.

Art. 43. O auxílio especial mensal também será pago à esposa ou companheira e aos filhos menores de 21 (vinte e um) anos ou inválidos do beneficiário falecido, desde que a invalidez seja anterior à data em que completaram 21 (vinte e um) anos. (Produção de efeito)

§ 1º Havendo mais de um beneficiário, o valor limite de auxílio *per capita* será o constante do art. 42 desta Lei, dividido pelo número de beneficiários, efetivos, ou apenas potenciais devido à renda, considerando-se a renda do núcleo familiar para cumprimento do limite de que trata o citado artigo.

§ 2º Não será revertida aos demais a parte do dependente cujo direito ao auxílio cessar.

Art. 44. Compete ao Instituto Nacional do Seguro Social (INSS) administrar os requerimentos e os pagamentos do auxílio especial mensal. (Produção de efeito)

Parágrafo único. Compete ao Ministério do Esporte informar ao INSS a relação de jogadores de que trata o art. 37 desta Lei.

Art. 45. O pagamento do auxílio especial mensal retroagirá à data em que, atendidos os requisitos, tenha sido protocolado requerimento no INSS. (Produção de efeito)

Art. 46. O auxílio especial mensal sujeita-se à incidência de Imposto sobre a Renda, nos termos da legislação específica, mas não é sujeito ao pagamento de contribuição previdenciária. (Produção de efeito)

Art. 47. As despesas decorrentes desta Lei correrão à conta do Tesouro Nacional. (Produção de efeito)

Parágrafo único. O custeio dos benefícios definidos no art. 37 desta Lei e das respectivas despesas constarão de programação orçamentária específica do Ministério do Esporte, no tocante ao prêmio, e do Ministério da Previdência Social, no tocante ao auxílio especial mensal.

Art. 48. (VETADO).

Art. 49. (VETADO).

Art. 50. O art. 13-A da Lei nº 10.671, de 15 de maio de 2003, passa a vigorar acrescido do seguinte inciso X:

"Art. 13-A. ....

....

X - não utilizar bandeiras, inclusive com mastro de bambu ou similares, para outros fins que não o da manifestação festiva e amigável.

...." (NR)

ANEXO 12

Lei, Nº 6.501 de 02 de Outubro de 2017[15].

Institui o Dia e a Semana Municipal da Bíblia.

A Prefeita de Pelotas, Estado do Rio Grande do Sul.

FAÇO SABER QUE A CÂMARA MUNICIPAL APROVOU E EU SANCIONO E PROMULGO A PRESENTE LEI.

Art. 1º Fica instituído o Dia Municipal da Bíblia, que será comemorado no segundo domingo do mês de dezembro de cada ano.

Art. 2º A semana em que se comemora o Dia da Bíblia, será considerada a "Semana Municipal da Bíblia".

Art. 3º As despesas decorrentes desta Lei correrão por conta de dotações orçamentárias próprias. Art. 4o Esta Lei entrará em vigor na data de sua publicação.

Gabinete da Prefeita de Pelotas, em 02 de outubro de 2017.

Registre-se. Publique-se.

Clotilde Victória
Secretária de Governo

---

15 Disponível em: <https://sapl.pelotas.rs.leg.br/norma/2535>. Acesso em 3/set/2020.

ANEXO 13

Lei, *Nº 2.405*, de 15 de Janeiro de 2002[16].

ESTADO DE MATO GROSSO DO SUL

Dispõe sobre a atividade turística no território do Estado de Mato Grosso do Sul e dá outras providências.

Publicada no Diário Oficial nº 5.672, de 16 de janeiro de 2002.

O GOVERNADOR DO ESTADO DE MATO GROSSO DO SUL.
Faço saber que a Assembleia Legislativa decreta e eu sanciono a seguinte Lei:

Art. 1º Os grupos ou excursões de turistas que ingressarem no território do Estado de Mato Grosso do Sul deverão ser acompanhados, obrigatoriamente, de Guia de Turismo local, com formação específica dos atrativos turísticos do Estado.

Art. 2º Para os efeitos desta Lei, é considerado Guia de Turismo local o profissional devidamente cadastrado na Empresa Brasileira de Turismo

---

16 Disponível em: <http://aacpdappls.net.ms.gov.br/appls/legislacao/secoge/govato.nsf/1b758e65922af3e904256b220050342a/8ffb0980e0ff82a404256bf-d0061f2fe?OpenDocument>. Acesso em 3/set/2020.

APÊNDICE

– EMBRATUR, cuja atividade compreende a recepção, o translado, o acompanhamento, a prestação de informações e a assistência a turista, em itinerários ou roteiros locais ou intermunicipais de uma determinada unidade da federação, para visita a seus atrativos turísticos.

Art. 3º A presença de Guia de Turismo acompanhante não invalida a exigência de Guia de Turismo local previsto no artigo anterior.

Art. 4º O Guia de Turismo local deverá conduzir-se com dedicação, decoro e responsabilidade, zelando pelo bom nome do turismo no Estado de Mato Grosso do Sul.

Art. 5º É também atribuição do Guia de Turismo local orientar sobre a preservação da fauna, flora e recursos hídricos, quando conduzir grupos ou excursão de turistas aos atrativos ecológicos do Estado de Mato Grosso do Sul, zelando para que a atividade turística não venha causar prejuízo ao meio ambiente.

Art. 6º O Poder Público Estadual, por seus órgãos competentes, deverá promover ou fomentar cursos de atualização, com o objetivo de aprimorar os conhecimentos dos Guias de Turismo sobre:

I - a história de Mato Grosso do Sul;

II - o funcionamento dos Poderes;

III - o meio ambiente e sua preservação;

IV - o plano urbanístico e arquitetônico;

V - os eventos culturais, históricos e folclóricos da região.

Art. 7º Esta Lei não prejudica as legislações específicas dos municípios que regulamentam o acesso de grupos e excursões turísticas em atrativos locais.

Art. 8º O não-cumprimento desta Lei ocasionará a aplicação de multa, que será regulamentada por ato do Poder Executivo Estadual.

Art. 9º Esta Lei entra em vigor na data de sua publicação.

Art. 10. Revogam-se as disposições em contrário.

Campo Grande, 15 de janeiro de 2002.

JOSÉ ORCÍRIO MIRANDA DOS SANTOS
Governador

ANEXO 14

Lei, *Nº 1.391*, de 30 de Maio de 2001[17].

"O Governo do Estado do Acre homenageará todos os Deputados Estaduais falecidos, utilizando seus nomes nas obras que forem sendo construídas".

O PRESIDENTE DO PODER LEGISLATIVO DO ESTADO DO ACRE, com fulcro no art. 58, §§ 3º e 8, da Constituição Estadual c/c o art. 15, § 1º, X do Regimento Interno da Assembléia Legislativa do Estado do Acre, promulga o seguinte:

Art. 1º O Governo homenageará os Ex-Deputados falecidos, colocando seus nomes nas obras que forem construídas.

Art. 2º Preferencialmente, utilizar-se-á o nome na área de atuação do ex-Parlamentar falecido.

Art. 3º Esta Lei entra em vigor na data de sua publicação.

Art. 4º Revogam-se as disposições em contrário.

---

17 Disponível em: <http://www.al.ac.leg.br/leis/?p=5195>. Acesso em 3/set/2020.

Rio Branco, 30 de maio de 2001, 113º da República, 99º do Tratado de Petrópolis e 40º do Estado do Acre.

SÉRGIO OLIVEIRA
Presidente da Assembléia Legislativa do Estado do Acre

ANEXO 15

Lei, *Nº 13.669*, de 30 de maio de 2018[18].

Conversão da Medida Provisória nº 819, de 2018

Autoriza a União a doar recursos ao Estado da Palestina para a restauração da Basílica da Natividade.

Faço saber que o PRESIDENTE DA CÂMARA DOS DEPUTADOS, no exercício do cargo de PRESIDENTE DA REPÚBLICA, adotou a Medida Provisória nº 819, de 2018, que o Congresso Nacional aprovou, e eu, Eunício Oliveira, Presidente da Mesa do Congresso Nacional, para os efeitos do disposto no art. 62 da Constituição Federal, com a redação dada pela Emenda Constitucional nº 32, combinado com o art. 12 da Resolução nº 1, de 2002-CN, promulgo a seguinte Lei:

Art. 1º Fica a União autorizada a doar recursos ao Estado da Palestina para a restauração da Basílica da Natividade, na cidade de Belém, Estado da Palestina, no valor de até R$ 792.000,00 (setecentos e noventa e dois mil reais).

---

18 Disponível em: <http://www.al.ac.leg.br/leis/?p=http://www.planalto.gov.br/ccivil_03/_ato2015-2018/2018/lei/L13669.htm>. Acesso em 3/set/2020.

Parágrafo único. A doação a que se refere o *caput* deste artigo será efetivada por meio de termo de doação firmado pela União, por intermédio do Ministério das Relações Exteriores, e correrá à conta de dotações orçamentárias do referido Ministério.

Art. 2º Esta Lei entra em vigor na data de sua publicação.

Congresso Nacional, em 30 de maio de 2018; 197º da Independência e 130º da República.

Senador EUNÍCIO OLIVEIRA
Presidente da Mesa do Congresso Nacional

ANEXO 16

Lei, N.º *16.234* de 16 de maio de 2017[19].

DISPÕE SOBRE O REGISTRO DA DENOMINAÇÃO "CEARÁ, TERRA DO HUMOR" COMO BEM CULTURAL DE NATUREZA IMATERIAL.

O GOVERNADOR DO ESTADO DO CEARÁ.

Faço saber que a Assembleia Legislativa decretou e eu sanciono a seguinte Lei:

Art. 1º Fica instituída a denominação "CEARÁ, TERRA DO HUMOR" no Livro de Registro das Formas de Expressão, nos termos previstos na Lei nº 13.427, de 30 de dezembro de 2003, com o objetivo de reconhecer essa forma de expressão como Patrimônio Cultural do Ceará.

Art. 2º Esta Lei terá o nome do humorista Chico Anysio.

Art. 3º Esta Lei entra em vigor na data da sua publicação.

PALÁCIO DA ABOLIÇÃO, DO GOVERNO DO ESTADO DO CEARÁ, em Fortaleza, 16 de maio de 2017.

---

[19] Disponível em: <https://www2.al.ce.gov.br/legislativo/legislacao5/leis2017/16234.htm>. Acesso em 7/jan/2021.

Camilo Sobreira de Santana

GOVERNADOR DO ESTADO DO CEARÁ

Iniciativa: DEPUTADO BRUNO PEDROSA

ANEXO 17

Lei, Nº 11.644, de 10 de Março de 2008[20].

Acrescenta art. 442-A à Consolidação das Leis do Trabalho – CLT, aprovada pelo Decreto-Lei nº 5.452, de 1º de maio de 1943, impedindo a exigência de comprovação de experiência prévia por tempo superior a 6 (seis) meses.

O PRESIDENTE DA REPÚBLICA Faço saber que o Congresso Nacional decreta e eu sanciono a seguinte Lei:

Art. 1o A Consolidação das Leis do Trabalho – CLT, aprovada pelo Decreto-Lei no 5.452, de 10 de maio de 1943, passa a vigorar acrescida do seguinte art. 442-A:

"Art. 442-A. Para fins de contratação, o empregador não exigirá do candidato a emprego comprovação de experiência prévia por tempo superior a 6 (seis) meses no mesmo tipo de atividade".

Art. 2º Esta Lei entra em vigor na data de sua publicação.

Brasília, 10 de março de 2008; 187º da Independência e 120º da República.

LUIZ INÁCIO LULA DA SILVA
Tarso Genro
José Antônio Dias Toffoli

---

20 Disponível em: <http://www.planalto.gov.br/ccivil_03/_Ato2007-2010/2008/Lei/L11644.htm>. Acesso em 3/set/2020.

ANEXO 18

Lei, *Nº 3060/2010* de 7 de Janeiro de 2009[21].

"DISPÕE SOBRE A OBRIGATORIEDADE DA DISPONIBILIZAÇÃO DE FIO OU FITA DENTAL EM RESTAURANTES, BARES E SIMILARES E DÁ OUTRAS PROVIDÊNCIAS".

O Presidente da Câmara de Vereadores de Balneário Camboriú, Estado de Santa Catarina, no uso de suas atribuições legais e na conformidade com o disposto no § 7º do artigo 53 da Lei Municipal nº 933/90 - Lei Orgânica Municipal. Faz saber que a Câmara de Vereadores aprovou, e eu promulgo a seguinte Lei.

Art. 1º Os restaurantes, bares e similares onde haja consumo de alimentos deverão disponibilizar fio ou fita dental, em quantidade suficiente para uso de sua clientela.

Art. 2º O fio ou fita dental disponibilizado deverá estar legalizado junto aos órgãos competentes.

....
21 Disponível em: <https://leismunicipais.com.br/a/sc/b/balneario-camboriu/lei-ordinaria/2010/306/3060/lei-ordinaria-n-3060-2010-dispoe-sobre-a-obrigatoriedade-da-disponibilizacao-de-fio-ou-fita-dental-em-restaurantes-bares-e-similares-e-da-outras-preovidencias?q=fio+dental>. Acesso em 3/set/2020.

APÊNDICE

Art. 3º O fio ou fita dental disponibilizado deverá estar em embalagem que o proteja de contaminação, e em condições de uso quanto à higiene, especificações técnicas e prazo de validade.

Art. 4º Os produtos de que trata o art.1º desta Lei, por tratar-se de questão que envolve diretamente a saúde pública, será gratuito, não podendo, portanto, ser incluso na conta de pagamento do usuário do serviço no estabelecimento.

Art. 5º Esta lei entra em vigor na data de sua publicação.

Balneário Camboriú (SC), 07 de janeiro de 2009.

VEREADOR MOACIR SCHMIDT
Presidente

ANEXO 19

Lei, Nº 16.120, de 18 de Janeiro de 2016[22].

(Projeto de lei nº 752/11, da Deputada Leci Brandão - PC do B)

Veda aos estabelecimentos comerciais a exigência de valor mínimo para compras com cartão de crédito ou débito.

O GOVERNADOR DO ESTADO DE SÃO PAULO:

Faço saber que a Assembleia Legislativa decreta e eu promulgo a seguinte lei:

Artigo 1º - É vedado aos estabelecimentos comerciais no âmbito do Estado a exigência de valor mínimo para compras e consumo com cartão de crédito ou débito.

Artigo 2º - O não cumprimento do disposto nesta lei sujeitará o infrator às sanções previstas nos artigos 56 a 60 da Lei n° 8.078, de 11 de setembro de 1990.

---

[22] Disponível em: <https://www.al.sp.gov.br/repositorio/legislacao/lei/2016/lei-16120-18.01.2016.html>. Acesso em 3/set/2020.

APÊNDICE

Parágrafo único - A pena de multa será revertida para a Fundação de Proteção e Defesa do Consumidor - PROCON.

Artigo 3º - Esta lei entra em vigor na data de sua publicação.

Palácio dos Bandeirantes, 18 de janeiro de 2016.

GERALDO ALCKMIN
Aloisio de Toledo César
Secretário da Justiça e da Defesa da Cidadania
Edson Aparecido dos Santos
Secretário-Chefe da Casa Civil
Publicada na Assessoria Técnico-Legislativa, aos 18 de janeiro de 2016.

ANEXO 20

Lei, *N°* *11.886*, de 01 de março de 2005[23].

(Projeto de lei n° 939/1999, do deputado Alberto "Turco Loco" Hiar - PSDB)

Proíbe a cobrança da consumação mínima nos bares, boates e congêneres.

O GOVERNADOR DO ESTADO DE SÃO PAULO:

Faço saber que a Assembleia Legislativa decreta e eu promulgo a seguinte lei:

Artigo 1º - Fica proibida a cobrança da consumação mínima nos bares, boates e congêneres em todo o Estado.

Parágrafo único - A proibição do *caput* estende-se a todo e qualquer subterfúgio (oferecimento de *drinks*, vales de toda espécie, brindes etc.) utilizado pelas casas noturnas para, mesmo disfarçadamente, efetuar a cobrança citada.

---

23 Disponível em: <https://www.al.sp.gov.br/norma/52800>. Acesso em 3/set/2020.

APÊNDICE

Artigo 2º - vetado.

Artigo 3º - vetado.

Artigo 4º - Caberá aos órgãos competentes do Estado, definidos como tais na legislação vigente, a expedição das demais normas complementares para o cumprimento desta lei.

Artigo 5º - O Poder Executivo regulamentará esta lei no prazo de 90 (noventa) dias, contados da data de sua publicação.

Artigo 6º - As eventuais despesas resultantes desta lei correrão à conta de dotações orçamentárias próprias do Estado e suplementadas, se necessário.

Artigo 7º - Esta lei entra em vigor na data de sua publicação.

Palácio dos Bandeirantes, 1º de março de 2005.

GERALDO ALCKMIN
Alexandre de Moraes
Secretário da Justiça e da Defesa da Cidadania
Arnaldo Madeira
Secretário-Chefe da Casa Civil
Publicada na Assessoria Técnico-Legislativa, em 1º de março de 2005.

ANEXO 21

Lei, *Nº 16.270*, de 05 de julho de 2016[24].

(Projeto de lei nº 1217, dej 2015, do Deputado Wellington Moura - PRB)

Dispõe sobre a obrigatoriedade da concessão de desconto ou de meia porção para pessoas que realizaram cirurgia bariátrica ou qualquer outra gastroplastia, em restaurantes ou similares, e dá outras providências.

O PRESIDENTE DA ASSEMBLEIA LEGISLATIVA:

Faço saber que a Assembleia Legislativa decreta e eu promulgo, nos termos do artigo 28, § 8º, da Constituição do Estado, a seguinte lei:

Artigo 1º - Os restaurantes e similares que servem refeições "à la carte" ou porções ficam obrigados a oferecer, para pessoas que tenham tido o estômago reduzido por meio de cirurgia bariátrica ou qualquer outra gastroplastia, meia porção com desconto de 30% (trinta por cento) a 50% (cinquenta por cento) sobre o preço normal da refeição integral.

---

24 Disponível em: <https://www.al.sp.gov.br/norma/178701>. Acesso em 3/set/2020.

APÊNDICE

Artigo 2º - Os restaurantes e similares que servem refeições na modalidade "rodízio" e "festival" ficam obrigados a conceder desconto de 50% (cinquenta por cento) no preço das refeições para as pessoas que tenham o estômago reduzido através de cirurgia bariátrica ou qualquer outra gastroplastia.

Parágrafo único - Excetua-se do disposto nesta lei o consumo de bebidas.

Artigo 3º - Para ter direito ao benefício de que trata a presente lei o interessado deverá comprovar sua condição através da apresentação de laudo médico ou declaração de médico responsável, devidamente inscrito no Conselho Regional de Medicina.

Artigo 4º - Os estabelecimentos comerciais ficam obrigados a fixar em sua entrada "cartazes" medindo 30cm (trinta centímetros) x 25cm (vinte e cinco centímetros) com os direitos estabelecidos nesta lei.

Artigo 5º - Os estabelecimentos comerciais ficam obrigados a incluir em seus cardápios as informações instituídas pela presente lei.

Artigo 6º - O não cumprimento das exigências desta lei implicará ao infrator a imposição de multa no valor de R$ 1.000,00 (mil reais), cobrada em dobro no caso de reincidência até o limite de R$ 10.000,00 (dez mil reais).

Artigo 7º - O Poder Executivo regulamentará a presente lei no prazo de 90 (noventa) dias, em especial no tocante aos aspectos de procedimentos e de formalização.

Artigo 8º - Esta lei entra em vigor na data de sua publicação.

Assembleia Legislativa do Estado de São Paulo, aos 5 de julho de 2016.
FERNANDO CAPEZ - Presidente

Publicada na Secretaria da Assembleia Legislativa do Estado de São Paulo, aos 5 de julho de 2016.
Rodrigo del Nero - Secretário Geral Parlamentar

ANEXO 22

Decreto *Nº 9.578*, de 27 de Setembro de 2019[25].

"Regulamenta os Estacionamentos Privados de uso público, previstos nos arts. 81, 81-a, 81-b, 81-c, 81-d, 82 e 83, da Lei Municipal nº 2.794/2008, que Disciplina o uso e a ocupação do solo, as atividades de urbanização e dispõe sobre o parcelamento do solo no território do Município de Balneário Camboriú".

O Prefeito Municipal de Balneário Camboriú, Estado de Santa Catarina, no uso de suas atribuições legais, com fundamento no inciso VII do art. 72 da Lei Orgânica do Município - Lei Municipal nº 933/90, e ainda, com fulcro na Lei Municipal nº 2.794/2008, DECRETA:

Art. 1º Este Decreto regulamenta a abertura e o funcionamento dos Estacionamentos Privados de uso Público, no âmbito do Município de Balneário Camboriú, previstos nos arts. 81, 81-A, 81-B, 81-C, 81-C, 82 e 83 da Lei Municipal nº 2.794/2008.

---

[25] Disponível em: <https://leismunicipais.com.br/a/sc/b/balneario-camboriu/decreto/2019/957/9578/decreto-n-9578-2019-regulamenta-os-estacionamentos-privados-de-uso-publico-previstos-nos-arts-81-81-a-81-b-81-c-81-d-82-e-83-da-lei-municipal-n-2794-2008-que-disciplina-o-uso-e-a-ocupacao-do-solo-as-atividades-de-urbanizacao-e-dispoe-sobre-o-parcelamento-do-solo-no-territorio-do-municipio-de-balneario-camboriu>. Acesso em 3/set/2020.

Art. 2º É obrigatória a abertura dos Estacionamentos Privados de uso Público, ficando a responsabilidade pela manutenção, organização e exploração dos mesmos a cargo do respectivo proprietário.

Art. 3º Sem prejuízo dos requisitos exigidos em Lei, o Estacionamento Privado de Uso Público deverá seguir os parâmetros:

I - manter o Estacionamento Privado de Uso Público aberto de segunda-feira a sábado, no mínimo, das 9h às 19h;

II - disponibilizar, no mínimo, 50% (cinquenta por cento) das vagas ao uso rotativo de veículos;

III - ter placa de identificação, informando que no local há estacionamento aberto ao público e sinalizando o respectivo acesso;

IV - fixação de placa com o número de vagas e tabela de preços.

Art. 4º A exploração do Estacionamento Privado de Uso Público sujeita-se ao Código de Defesa do Consumidor e demais normas que regulamentam o Direito do Consumidor e as relações de consumo.

Art. 5º Fica estabelecido o prazo máximo de 120 (cento e vinte) dias, a contar da data de publicação, para a implementação do que estabelece o presente Decreto.

Art. 6º Este Decreto entra em vigor na data de sua publicação.

Balneário Camboriú (SC), 27 de setembro de 2019, 170º da Fundação, 55º da Emancipação.

FABRÍCIO JOSÉ SATIRO DE OLIVEIRA
Prefeito Municipal

ANEXO 23

Lei, *Nº 3.462*, de 21 de março de 2019[26].

Altera a Lei Municipal nº 3.320/2016, que condiciona o funcionamento de bares, distribuidoras de bebidas, supermercados, postos de combustíveis, boates e similares que vendam bebidas alcoólicas, a instalação de circuito de câmeras de monitoramento.

FAÇO SABER QUE A CÂMARA MUNICIPAL DE APARECIDA DE GOIÂNIA APROVOU E EU, PREFEITO MUNICIPAL, SANCIONO A SEGUINTE LEI:

Art. 1º O art. 1º § único da Lei Municipal nº 3.320, de 07 de Junho de 2016, passa a vigorar com a seguinte redação:

"Art. 1º ...

---

[26] Disponível em: <https://leismunicipais.com.br/a/go/a/aparecida-de-goiania/lei-ordinaria/2019/347/3462/lei-ordinaria-n-3462-2019-altera-a-lei-municipal-n-3320-2016-que-condiciona-o-funcionamento-de-bares-distribuidoras-de-bebidas-supermercados-postos-de-combustiveis-boates-e-similares-que-vendam-bebidas-alcoolicas-a-instalacao-de-circuito-de-cameras-de-monitoramento>. Acesso em 3/set/2020.

Parágrafo único. As especificações técnicas dos equipamentos de captação de imagem e armazenamento de dados serão definidos por decreto".

Art. 2º O art. 2º da Lei Municipal nº 3.320, de 07 de Junho de 2016, passa a vigorar com a seguinte redação:

"Art. 2º O sistema de monitoramento deverá estar em pleno e ininterrupto funcionamento para obtenção e/ou renovação de alvará, sendo ainda o sistema de Monitoramento condição para permanência das atividades do estabelecimento".

Art. 3º Esta Lei entrará em vigor na data de sua publicação.

Gabinete do Município de Aparecida Goiânia-GO, 21 de março de 2019.

GUSTAVO MENDANHA
Prefeito

OLAVO NOLETO ALVES
Chefe da Casa Civil

ANEXO 24

Lei, N° 7119 de 14 de Maio de 2010[27].

FICAM DETERMINADAS NOVAS NORMAS PARA FESTAS, *SHOWS* E EVENTOS MEDIANTE A COBRANÇA DE INGRESSOS OU NÃO EM ESTABELECIMENTOS COMERCIAIS OU NÃO EXISTENTES NA ÁREA URBANA E RURAL DO MUNICÍPIO DE MARÍLIA E DÁ OUTRAS PROVIDÊNCIAS.

Eduardo Duarte do Nascimento, Presidente da Câmara Municipal de Marília, Estado de São Paulo, nos termos do artigo 44, parágrafos 3° e 7°, da Lei Orgânica do Município, promulga a seguinte Lei:

Art. 1° - Para a realização de festas, *shows*, apresentações artísticas e qualquer divertimento público mediante a cobrança de ingressos ou sem cobrança de ingresso mas aberta ao público, em propriedades urbanas, rurais e chácaras de lazer, estabelecimentos comerciais, esportivos, religiosos e similares existentes no Município de Marília, será obrigatória licença prévia da prefeitura e o local possuir adequado isolamento acústico, devendo apresentar laudo de avaliação de nível de ruídos de acordo com a norma NBR 10.151 para obtenção da licença;

§ 1° - As festas, *shows*, apresentações artísticas e qualquer divertimento público mediante a cobrança de ingressos ou sem cobrança de ingresso,

---

[27] Disponível em: <https://sapl.marilia.sp.leg.br/consultas/norma_juridica/norma_juridica_mostrar_proc?cod_norma=19044>. Acesso em 3/set/2020.

mas aberta ao público, em propriedades urbanas, rurais e chácaras de lazer, estabelecimentos comerciais, esportivos, religiosos e similares existentes no Município de Marília, só serão franqueados ao público depois de vistoriados em todas as suas instalações pela fiscalização da Prefeitura Municipal, 10° G. I. de Marília e Polícia Militar.

§ 2° - A inobservância da regra contida neste artigo ou o descumprimento do limite de som externo ao local estabelecido pela norma NBR 10.151 implicará ao organizador do evento, ao empresário do estabelecimento ou proprietário do local as seguintes penalidades:

I - aos organizadores, proprietários ou empresários de estabelecimentos na primeira incidência ensejará multa no valor de R$1.000,00 (Um mil reais), o cancelamento do evento e a suspensão da licença obrigatória para realização de festas, *shows*, apresentações artísticas etc., mediante a cobrança de ingressos ou não das propriedades e estabelecimentos comerciais existentes na área urbana e rural do Município de Marília, e emissão de nova licença para os organizadores por 60 (sessenta) dias;

II - aos organizadores na segunda incidência, mesmo se ocorrer em propriedade ou estabelecimento diferente da primeira infração receberão multa no valor de R$ 2.000,00 (Dois mil reais), cancelamento imediato do evento, e suspensão para emissão de autorização obrigatória da licença para realização de festas, *shows*, apresentações artísticas mediante a cobrança de ingressos ou não no Município de Marília por 90 (noventa) dias, ao empresário de estabelecimento ou proprietário na segunda incidência aplica-se a mesma penalidade;

III - aos organizadores na terceira incidência, mesmo se ocorrer em lugares distintos da primeira e segunda infração, incidirá uma multa no valor de R$ 4.000,00 (Quatro mil reais), cancelamento do evento e a suspensão definitiva para emissão de licença obrigatória para realização de festas, *shows*, apresentações artísticas mediante a cobrança de ingres-

APÊNDICE

sos ou não ao empresário de estabelecimento ou proprietário na terceira incidência aplica-se a mesma penalidade;

IV - o estabelecimento que infringir a lei pela quarta vez, mesmo que exerça outra atividade no local além de festas, *shows*, apresentações artísticas etc., terá seu alvará de funcionamento caçado e o local será lacrado, independente da aplicação e cobrança das multas das incidências anteriores, nas chácaras e propriedades rurais as multas serão dobradas nas reincidências e o evento interditado:

Art. 2° - Em todas as propriedades e estabelecimentos existentes na área urbana, rural e chácaras do Município de Marília que realizarem festas, *shows*, apresentações artísticas etc., mediante a cobrança de ingressos ou sem cobrança de ingressos, mas aberta ao público deverão cumprir as normas estabelecidas no Código de Posturas, Código de Obras e Edificações, Plano Diretor de Desenvolvimento Integrado do Município de Marília, outras leis esparsas referentes ao assunto e as dispostas nesta lei com as seguintes restrições:

I - proibição de festas "*Open Bar*", ou seja, com a distribuição gratuita de bebidas alcoólicas ou com a venda de um valor simbólico, ou seja, valor inferior ao seu preço de mercado no Município de Marília;

II- Proibição da divulgação de festas através de cartazes, letreiros, programas, quadros, painéis, placas, avisos, anúncios e mostruários, luminosos ou não, feitos por qualquer modo, processo ou engenho, suspensos, distribuídos, afixados ou pintados em paredes, muros, tapumes, veículos ou calçadas, não poderão obter *marketing* que induz a sexualidade, consumo de bebidas alcoólicas, fumo ou outras drogas.

Art. 3° - Os organizadores e proprietários terão cinco dias corridos da lavratura do auto para apresentar defesa mediante requerimento endereçado à Prefeitura Municipal de Marília.

Art. 4° - A fiscalização referente a licença de funcionamento ficará a cargo da Secretaria de Serviços urbanos, referente ao som a cargo da Secretaria do Meio Ambiente e quanto à quantidade de público ficará a cargo da Secretaria da Fazenda.

Art. 5° - Esta Lei entrará em vigor na data de sua publicação, revogadas as disposições em contrário.

Registrada e publicada na Secretaria Administrativa "Dr. José Cunha de Oliveira", da Câmara Municipal de Marília, em 14 de maio de 2010.

ANEXO 25

Resolução CFN, N° 599, de 25 de Fevereiro de 2018[28].

Alterada pela Resolução CFN nº 646/2020, até dia 31 de agosto de 2020 (revogada).
Alterada pela Resolução CFN nº 660/2020, até dia 28 de fevereiro de 2021.

Aprova o CÓDIGO DE ÉTICA E DE CONDUTA DO NUTRICIONISTA e dá outras providências.

O Conselho Federal de Nutricionistas (CFN), no uso das atribuições que lhe são conferidas na Lei n° 6.583, de 20 de outubro de 1978, no Decreto n° 84.444, de 30 de janeiro de 1980, no Regimento Interno, ouvidos os Conselhos Regionais de Nutricionistas (CRN), e, tendo em vista o que foi deliberado na 322ª Reunião Plenária Ordinária, realizada nos dias 23, 24 e 25 de fevereiro de 2018;

RESOLVE:

Art. 1º Aprovar o CÓDIGO DE ÉTICA E DE CONDUTA DO NUTRICIONISTA, na forma do Anexo desta Resolução.

---
[28] Disponível em: <http://www.crn3.org.br/uploads/repositorio/2018_10_23/01.pdf>. Acesso em 7/jan/2021.

Art. 2º Esta Resolução e o Código de Ética e de Conduta do Nutricionista por ela aprovado entram em vigor na data de sua publicação no Diário Oficial da União, produzindo efeitos a partir de 60 (sessenta) dias após sua publicação, ficando, a partir de então, revogadas as Resoluções CFN nº 334, de 10 de maio de 2004, e nº 541, de 14 de maio de 2014.

1 O Código de Ética e de Conduta do Nutricionista, aprovado por esta Resolução, será publicado, na íntegra, no sítio eletrônico do Conselho Federal de Nutricionistas.

ÉLIDO BONOMO
Presidente do Conselho

CAPÍTULO IV
MEIOS DE COMUNICAÇÃO E INFORMAÇÃO

O uso de estratégias para comunicação e informação ao público e para divulgação das atividades profissionais do nutricionista, utilizando quaisquer meios, tais como televisão, rádio, jornais, revistas, panfletos virtuais ou impressos, embalagens, mídias e redes sociais, aplicativos, palestras, eventos, dentre outros para os mesmos fins, obedecerá ao que segue:

Art. 53. É direito do nutricionista utilizar os meios de comunicação e informação, pautado nos princípios fundamentais, nos valores essenciais e nos artigos previstos neste Código, assumindo integral responsabilidade pelas informações emitidas.

Art. 54. É direito do nutricionista divulgar sua qualificação profissional, técnicas, métodos, protocolos, diretrizes, benefícios de uma alimentação para indivíduos ou coletividades saudáveis ou em situações de agravos à saúde, bem como dados de pesquisa fruto do seu trabalho, desde que autorizado por escrito pelos pesquisados, respeitando o pudor, a privacidade e a intimidade própria e de terceiros.

Art. 55. É dever do nutricionista, ao compartilhar informações sobre alimentação e nutrição nos diversos meios de comunicação e informação, ter como objetivo principal a promoção da saúde e a educação alimentar e nutricional, de forma crítica e contextualizada e com respaldo técnico-científico.

Parágrafo único. Ao divulgar orientações e procedimentos específicos para determinados indivíduos ou coletividades, o nutricionista deve informar que os resultados podem não ocorrer da mesma forma para todos.

Art. 56. É vedado ao nutricionista, na divulgação de informações ao público, utilizar estratégias que possam gerar concorrência desleal ou prejuízos à população, tais como promover suas atividades profissionais com mensagens enganosas ou sensacionalistas e alegar exclusividade ou garantia dos resultados de produtos, serviços ou métodos terapêuticos.

Art. 57. É vedado ao nutricionista utilizar o valor de seus honorários, promoções e sorteios de procedimentos ou serviços como forma de publicidade e propaganda para si ou para seu local de trabalho.

Art. 58. É vedado ao nutricionista, mesmo com autorização concedida por escrito, divulgar imagem corporal de si ou de terceiros, atribuindo resultados a produtos, equipamentos, técnicas, protocolos, pois podem não apresentar o mesmo resultado para todos e oferecer risco à saúde.

§ 1º A divulgação em eventos científicos ou em publicações técnico-científicas é permitida, desde que autorizada previamente pelos indivíduos ou coletividades.

§ 2º No caso de divulgação de pesquisa científica o disposto no artigo 58 não se aplica.

ANEXO 26

Código Brasileiro do Consumidor –
Lei, Nº 8.078 de 11 de Setembro de 1990[29].

Dispõe sobre a proteção do consumidor e dá outras providências.

Art. 39. É vedado ao fornecedor de produtos ou serviços, dentre outras práticas abusivas: (Redação dada pela Lei nº 8.884, de 11.6.1994).

I - condicionar o fornecimento de produto ou de serviço ao fornecimento de outro produto ou serviço, bem como, sem justa causa, a limites quantitativos;
II - recusar atendimento às demandas dos consumidores, na exata medida de suas disponibilidades de estoque, e, ainda, de conformidade com os usos e costumes;
III - enviar ou entregar ao consumidor, sem solicitação prévia, qualquer produto, ou fornecer qualquer serviço;
IV - prevalecer-se da fraqueza ou ignorância do consumidor, tendo em vista sua idade, saúde, conhecimento ou condição social, para impingir-lhe seus produtos ou serviços;
V - exigir do consumidor vantagem manifestamente excessiva;

---

29 Disponível em: <http://www.planalto.gov.br/ccivil_03/leis/l8078compilado.htm>. Acesso em 3/set/2020.

APÊNDICE

VI - executar serviços sem a prévia elaboração de orçamento e autorização expressa do consumidor, ressalvadas as decorrentes de práticas anteriores entre as partes;

VII - repassar informação depreciativa, referente a ato praticado pelo consumidor no exercício de seus direitos;

VIII - colocar, no mercado de consumo, qualquer produto ou serviço em desacordo com as normas expedidas pelos órgãos oficiais competentes ou, se normas específicas não existirem, pela Associação Brasileira de Normas Técnicas ou outra entidade credenciada pelo Conselho Nacional de Metrologia, Normalização e Qualidade Industrial (Conmetro);

IX - deixar de estipular prazo para o cumprimento de sua obrigação ou deixar a fixação de seu termo inicial a seu exclusivo critério;

(Revogado)

IX - recusar a venda de bens ou a prestação de serviços, diretamente a quem se disponha a adquiri-los mediante pronto pagamento, ressalvados os casos de intermediação regulados em leis especiais; (Redação dada pela Lei nº 8.884, de 11.6.1994).

X - (Vetado).

(Revogado).

X - elevar sem justa causa o preço de produtos ou serviços. (Incluído pela Lei nº 8.884, de 11.6.1994).

XI - Dispositivo incluído pela MPV nº 1.890-67, de 22.10.1999, transformado em inciso XIII, quando da conversão na Lei nº 9.870, de 23.11.1999.

XII - deixar de estipular prazo para o cumprimento de sua obrigação ou deixar a fixação de seu termo inicial a seu exclusivo critério. (Incluído pela Lei nº 9.008, de 21.3.1995).

XIII - aplicar fórmula ou índice de reajuste diverso do legal ou contratualmente estabelecido. (Incluído pela Lei nº 9.870, de 23.11.1999).

XIV - permitir o ingresso em estabelecimentos comerciais ou de serviços de um número maior de consumidores que o fixado pela autoridade administrativa como máximo. (Incluído pela Lei nº 13.425, de 2017).

Parágrafo único. Os serviços prestados e os produtos remetidos ou entregues ao consumidor, na hipótese prevista no inciso III, equiparam-se às amostras grátis, inexistindo obrigação de pagamento.

ANEXO 27

Lei, *Nº 10.982*, de 10 de outubro de 2016[30].

Dispõe sobre a proibição da exposição, em mesas e balcões, de recipientes que contenham cloreto de sódio (sal de cozinha) em bares, restaurantes, lanchonetes e similares.

O Povo do Município de Belo Horizonte, por seus representantes, decreta e eu sanciono a seguinte Lei:

Art. 1º - Ficam os estabelecimentos que comercializam alimentos preparados para consumo, como bares, restaurantes, lanchonetes e similares, no Município de Belo Horizonte, proibidos de expor, nas mesas e balcões, recipientes que contenham cloreto de sódio (sal de cozinha).
Parágrafo único - Os estabelecimentos disponibilizarão, sem exposição, embalagens individuais, nos termos da Lei nº 10.605, de 15 de janeiro de 2013, contendo cloreto de sódio (sal de cozinha) para o consumo, quando solicitado pelo cliente.

Art. 2º - A não observância do disposto no *caput* do art. 1º sujeitará o estabelecimento a multa fixada em regulamentação.

---

[30] Disponível em: <http://portal6.pbh.gov.br/dom/iniciaEdicao.do?method=-DetalheArtigo&pk=1169956>. Acesso em 8/set/2020.

APÊNDICE

Art. 3º - O Executivo regulamentará esta lei no prazo de 60 (sessenta) dias.

Art. 4º - Esta lei entra em vigor na data de sua publicação.

Belo Horizonte, 10 de outubro de 2016.

Marcio Araujo de Lacerda
Prefeito de Belo Horizonte

ANEXO 28

Lei, *Nº 10.994*, de 21 de Outubro de 2016[31].

Dispõe sobre a cobrança de estacionamento de veículos nos *shopping centers* e hipermercados para consumidores desses estabelecimentos.

O Presidente da Câmara Municipal de Belo Horizonte, no uso de suas atribuições legais e atendendo ao que dispõe o § 6º, combinado com o § 8º do art. 92 da Lei Orgânica do Município de Belo Horizonte, tendo sido rejeitado o Veto Total oposto pelo Excelentíssimo Senhor Prefeito à Proposição de Lei nº 94/16, promulga a seguinte Lei:

Art. 1º Nos imóveis onde existam atividades comerciais que, para o seu funcionamento, a lei determine licença prévia do Município, não será permitida a cobrança de estacionamento de veículos nas vagas ofertadas em cumprimento de quantitativo exigido para a concessão do Habite-se do imóvel e para a concessão da licença de localização e funcionamento da atividade.

---

[31] Disponível em: <https://leismunicipais.com.br/a1/mg/b/belo-horizonte/lei-ordinaria/2016/1099/10994/lei-ordinaria-n-10994-2016-dispoe-sobre-a--cobranca-de-estacionamento-de-veiculos-nos-shoppings-centers-e-hipermercados-para-consumidores-desses-estabelecimentos?r=p>. Acesso em 8/set/2020.

APÊNDICE

§ 1º Em caso de expansão das vagas de estacionamento, para a concessão da licença para o funcionamento das atividades, serão aplicados os mesmos dispositivos do *caput* deste artigo.

§ 2º Ficam dispensados do pagamento dos valores referentes ao uso do estacionamento cobrados por *shopping centers* e hipermercados instalados no Município os consumidores que comprovarem despesa correspondente a pelo menos 10 (dez) vezes o valor cobrado pelo estacionamento, considerando-se, para isso, que:

I - a dispensa de pagamento só será efetivada mediante a apresentação de notas fiscais que comprovem a despesa efetuada no estabelecimento ao qual pertence o estacionamento;

II - as notas fiscais a que se refere o inciso I deste parágrafo deverão necessariamente datar do dia no qual o consumidor faz jus à dispensa de pagamento.

Art. 2º O benefício previsto nesta lei só poderá ser percebido pelo consumidor que permanecer por, no máximo, 6 (seis) horas no interior de *shopping centers* e hipermercados.

Parágrafo único. Caso o consumidor ultrapasse o tempo previsto para a concessão da dispensa de pagamento, passa a vigorar a tabela de preços utilizada normalmente pelo estacionamento.

Art. 3º Ficam os *shopping centers* e hipermercados obrigados a divulgar o conteúdo desta lei por meio da colocação de cartazes em suas dependências.

Art. 4º O descumprimento do disposto nesta lei acarretará aos *shopping centers* e hipermercados a aplicação de multa no valor de 5.000 (cinco mil) UFIRs - Unidade Fiscal de Referência, com aumento de 100% (cem por cento) em caso de reincidência, cabendo ao poder público municipal a regulamentação, no prazo de trinta (30) dias, para fins de fiscalização e de aplicação das sanções cabíveis ao caso.

Art. 5º Esta lei entra em vigor na data de sua publicação.

Belo Horizonte, 21 de outubro de 2016.

Wellington Magalhães
Presidente

ANEXO 29

Lei, N° 2.364, de 27 de setembro de 2017[32].

"Dispõe sobre a obrigatoriedade dos estabelecimentos comerciais de grande porte dispor de pelo menos um banheiro para clientes".

Autor: Vereador Dennis da Silva Guerra.

JOSÉ PEREIRA DE AGUILAR JUNIOR, Prefeito Municipal da Estância Balneária de Caraguatatuba, usando das atribuições que lhe são conferidas por Lei, FAZ SABER que a Câmara Municipal aprovou e ele sanciona e promulga a seguinte Lei: Art. 1o Os estabelecimentos comerciais de grande porte instalados no Município ficam obrigados a dispor de pelo menos uma dependência contendo vaso sanitário e lavatório para clientes do sexo masculino, outra para os do sexo feminino, sempre supridos de papel higiênico e toalhas de papel.

§ 1º Entende-se como comércio de grande porte aquele que emprega diretamente acima de 15 funcionários.

§ 2º Conforme dispõe o artigo 1o desta Lei, ficam igualmente obrigados a manter duas dependências, uma para o sexo masculino e outra para os do sexo feminino, para uso exclusivo de pessoas com deficiências.

....

32 Disponível em: <http://www.caraguatatuba.sp.gov.br/pmc/wp-content/uploads/2017/10/edital_5033.pdf>. Acesso em 8/set/2020.

Art. 2º Os banheiros ficarão à disposição dos clientes durante o horário de funcionamento para o público, em perfeitas condições de higiene e uso.

Art. 3º Os estabelecimentos que ainda não dispõem dessas instalações, terão o prazo improrrogável de 120 (cento e vinte) dias, contados da publicação desta Lei, para que as providenciem e possam ser utilizadas pelo público.

Art. 4º O descumprimento do disposto no artigo anterior sujeitará o estabelecimento infrator às seguintes sanções:
I – advertência;
II – multa;
III – suspensão da atividade;
IV – cassação do alvará.

Parágrafo único. O Poder Executivo regulamentará através de Decreto, o valor e os procedimentos para aplicação da multa estabelecida no inciso II deste artigo.

Art. 5º A pessoa que tiver necessidade de sair da fila para se utilizar do banheiro, terá seu lugar assegurado ao voltar à fila, desde que ao sair informe as pessoas entre as quais se encontra.

Art. 6º Lei entrará em vigor na data de sua publicação, revogadas as disposições em contrário.

Caraguatatuba, 27 de setembro de 2017.
JOSÉ PEREIRA DE AGUILAR JUNIOR
Prefeito Municipal

ANEXO 30

Lei, *Nº 6148* de 25 de junho de 2018[33].

Torna obrigatória a comercialização de preservativos em estabelecimentos como bares, restaurantes, boates, casas de *shows* e similares.

(Revogado pela Lei Nº 6483 de 14/01/2020):

O Presidente da Câmara Legislativa do Distrito Federal promulga, nos termos do § 6º do art. 74 da Lei Orgânica do Distrito Federal, a seguinte Lei, oriunda de Projeto vetado pelo Governador do Distrito Federal e mantido pela Câmara Legislativa do Distrito Federal:

Art. 1º Os estabelecimentos comerciais como bares, restaurantes, boates, casas de *shows* e similares situados no Distrito Federal são obrigados a comercializar preservativos masculinos e femininos.

Parágrafo único. Os produtos de que trata o *caput* devem estar em local visível e de fácil acesso.

---

[33] Disponível em: <https://www.legisweb.com.br/legislacao/?id=363173>. Acesso em 8/set/2020.

Art. 2º Os estabelecimentos comerciais de que trata o art. 1º têm 90 dias, a contar da publicação desta Lei, para se adequar às suas determinações.

Art. 3º A inobservância do disposto nesta Lei sujeita os infratores às seguintes penalidades:

I - advertência;
II - multa de R$ 500,00;
III - interdição da atividade.

Art. 4º Esta Lei entra em vigor na data de sua publicação.

Art. 5º Revogam-se as disposições em contrário.

Brasília, 27 de junho de 2018
DEPUTADO JOE VALLE
Presidente

ANEXO 31

Lei, N° 10.942, de 29 de Junho de 2016[34].

Dispõe sobre o acesso gratuito para menor de 12 (doze) anos, acompanhado do pai ou responsável legal, em eventos esportivos em estádios e ginásios no Município.

O Povo do Município de Belo Horizonte, por seus representantes, decreta e eu sanciono a seguinte Lei:

Art. 1º - Fica assegurado o acesso gratuito para menor de 12 (doze) anos, acompanhado do pai ou responsável legal, em eventos esportivos em estádios e ginásios no Município.

Parágrafo único - O pai ou o responsável legal deverá apresentar documento de identidade ou certidão de nascimento comprovando a menoridade do beneficiário.

Art. 2º - Os estádios e ginásios a que se refere o art. 1º desta lei deverão, por intermédio de atos administrativos e próprios, estabelecer o setor ou setores para o atendimento da gratuidade, divulgando-os amplamente por meio dos meios de comunicação.

---

34 Disponível em: <http://portal6.pbh.gov.br/dom/iniciaEdicao.do?method=-DetalheArtigo&pk=1165067>. Acesso em 8/set/2020.

Art. 3º - O beneficiário da gratuidade deverá receber ingresso diferenciado fisicamente daquele colocado à venda ao público pagante.

§ 1º - O ingresso a que se refere o *caput* deverá ser oferecido pelos organizadores com antecedência mínima de 48 (quarenta e oito) horas da realização do evento.

§ 2º - O prazo para que o beneficiário retire o ingresso a que se refere o *caput* encerrar-se-á 24 (vinte e quatro) horas antes do início do evento.

§ 3º - Não será permitida a distribuição ou entrega de ingresso para o beneficiário no dia do evento.

Art. 4º - Fica estabelecido o percentual de 1% (um por cento) da capacidade de público dos estádios e ginásios para o atendimento da gratuidade de que trata esta lei.

Art. 5º - Fica estabelecido o prazo de 30 (trinta) dias, contados a partir da data de publicação desta lei, para que os ginásios e estádios façam cumprir as disposições contidas nesta lei.

Art. 6º - Ficam revogadas as disposições em contrário.

Art. 7º - Esta lei entra em vigor na data de sua publicação.

Belo Horizonte, 29 de junho de 2016

Marcio Araujo de Lacerda
Prefeito de Belo Horizonte

ANEXO 32

Lei, N° 6613 de 06 de Dezembro de 2013[35].

Dispõe sobre a criação do livro de reclamações em todos os estabelecimentos de fornecimento de bens ou prestação de serviços no Estado do Rio de Janeiro.

O Governador do Estado do Rio de Janeiro

Faço saber que a Assembleia Legislativa do Estado do Rio de Janeiro decreta e eu sanciono a seguinte Lei:

Art. 1º O presente diploma visa reforçar os procedimentos de defesa dos direitos dos consumidores, tornando obrigatória a existência e disponibilização do Livro de Reclamações em todos os estabelecimentos de fornecimento de bens ou prestação de serviços sujeitos ao Código de Defesa do Consumidor.

§ 1º sem prejuízo do disposto neste artigo, os prestadores de serviços públicos concedidos devem disponibilizar no seu sítio de Internet instrumentos que permitam aos consumidores reclamarem. (Redação do parágrafo dada pela Lei Nº 8527 DE 12/09/2019).

....
35 Disponível em: <https://www.legisweb.com.br/legislacao/?id=262567>. Acesso em 8/set/2020.

§ 2º As exigências dessa Lei não se aplicam aos microempreendores individuais - MEl, às microempresas - ME e às empresas de pequeno porte - EPP, assim definidos na legislação específica. (Parágrafo acrescentado pela Lei Nº 8527 DE 12/09/2019).
(Redação do artigo dada pela Lei Nº 8527 de 12/09/2019):

Art. 2º O fornecedor de bens ou prestador de serviços é obrigado a:
I - possuir o Livro de Reclamações nos estabelecimentos;
II - facultar, imediata e gratuitamente, ao consumidor o Livro de Reclamações sempre que lhe seja solicitado;
III - afixar no seu estabelecimento, em local bem visível e com caracteres facilmente legíveis pelo consumidor, um letreiro com a seguinte informação: "Este estabelecimento dispõe do Livro de Reclamações";
IV - manter, por um período de três anos, um arquivo organizado dos Livros de Reclamações que tenha encerrado;
V - o livro de que se trata a presente lei poderá ser feito em qualquer gráfica e deverá ser numerado e registrado com data na primeira folha da abertura do livro.

Art. 3º O fornecedor de bens ou prestador de serviços não pode, em caso algum, justificar a falta do Livro de Reclamações no estabelecimento onde o consumidor o solicita.

Art. 4º Sem prejuízo da regra relativa ao preenchimento da folha de reclamação a que se referem os artigos seguintes, o fornecedor não pode condicionar a apresentação do Livro de Reclamações para consulta à necessidade de identificação do consumidor.

Art. 5º Quando o Livro de Reclamações não for imediatamente disponibilizado ao consumidor, este pode requerer a presença de agentes policiais da Delegacia do Consumidor - DECON, a fim de que essa autoridade tome nota da ocorrência e a faça chegar ao Departamento de Fiscalização do PROCON/RJ, ou entidade que o substitua, com cópia para o Ministério Público.

APÊNDICE

Art. 6º A reclamação é formulada através do preenchimento da folha de reclamação, que será composta por 3 (três) vias, sendo a 1ª via encaminhada ao órgão fiscalizador competente, a 2ª via entregue ao consumidor e a 3ª via que faz parte do livro de reclamações e dele não pode ser retirado, onde o consumidor deve:

I - Preencher de forma correta e completa todos os campos relativos à sua identificação e endereço;

II - Descrever de forma clara e completa os fatos que motivam a reclamação.

Parágrafo único. O fornecedor de bens ou o prestador de serviços está obrigado a fornecer todos os elementos necessários ao correto preenchimento dos campos.

Art. 7º Caso o consumidor se encontre impossibilitado de registrar a reclamação, seja por analfabetismo, deficiência física ou visual, permanente ou transitória, ou por qualquer outra razão, o fornecedor deverá, desde que solicitado pelo interessado, redigir a reclamação nos termos indicados pelo cliente e somente finalizar a reclamação após sua anuência.

Parágrafo único. Conforme disposto no *caput* deste artigo, o consumidor poderá solicitar auxílio de outrem para redigir a sua reclamação.
(Artigo acrescentado após a publicação da Derrubada de veto publicada no DOE de 24/03/2014):

Art. 8º Após o preenchimento da folha de reclamação, o fornecedor tem a obrigação de destacar do Livro de Reclamações a 1ª via que, no prazo de 30 dias, deve ser remetido ao PROCON/RJ ou à outra entidade reguladora do setor que o substitua.

Parágrafo único. A Autoridade Administrativa deverá comunicar imediatamente ao Ministério Público a ocorrência de violação de direitos individuais homogêneos, coletivos ou difusos dos consumidores.

Art. 9º Para efeitos do disposto nesta Lei, a remessa da 1ª via da folha de reclamação pode ser acompanhada das alegações do fornecedor, bem como dos esclarecimentos e providências dispensados ao consumidor em virtude da reclamação. (Artigo acrescentado após a publicação da Derrubada de veto publicada no DOE de 24/03/2014).

Art. 10. Após o preenchimento da folha de reclamação, o fornecedor tem a obrigação de entregar a 2ª via da reclamação ao consumidor.
(Artigo acrescentado após a publicação da Derrubada de veto publicada no DOE de 24/03/2014):

Art. 11. Para efeitos de aplicação da presente Lei, cabe ao órgão do Poder Executivo Estadual destinado à proteção e defesa dos direitos e interesses dos consumidores - PROCON/RJ ou entidade que o substitua:

I - Receber as folhas de reclamação e, se for o caso, as respectivas alegações dos fornecedores;

II - Instaurar o procedimento adequado, se os fatos resultantes da reclamação indicarem a prática de infrações prevista em norma específica aplicável.

Art. 12. O PROCON/RJ deverá disponibilizar no seu *site* o andamento e encaminhamento de todas as reclamações, que deverão ser acompanhadas pelo consumidor, através do número de protocolo existente na folha de reclamação. (Artigo acrescentado após a publicação da Derrubada de veto publicada no DOE de 24/03/2014).

Art. 13. Sem prejuízo dos artigos anteriores, o modelo do Livro de Reclamações e as regras relativas à sua edição e venda, bem como o modelo de letreiro a que se refere o inciso III do artigo 3º do presente diploma, serão

APÊNDICE

regulamentados pelo Poder Executivo, no prazo de 90 (noventa) dias da publicação desta Lei.

Art. 14. Em caso de descumprimento desta Lei, os estabelecimentos de fornecimentos de bens ou prestação de serviços poderão sofrer as seguintes sanções, sem prejuízo daquelas previstas na Lei 6007, de 18 de julho de 2011:

a) Encerramento temporário das instalações ou estabelecimentos;

b) Interdição do exercício da atividade;

c) Privação do direito a subsídio ou benefício outorgado por entidade ou serviço público.

Art. 15. A fiscalização e a instrução dos processos relativos às sanções previstas no artigo anterior compete ao Departamento de Fiscalização do PROCON/RJ, órgão pertencente à Secretaria de Estado da Casa Civil - Governo do Estado do Rio de Janeiro.
(Artigo acrescentado pela Lei Nº 8527 DE 12/09/2019):

Art. 15-A. Ficam estabelecidos os seguintes prazos para as empresas se adequarem às normas da presente Lei:
I - as grandes e médias empresas terão o prazo de um ano;
II - as pequenas e médias empresas terão o prazo de dois anos;
III - para as empresas que optaram pelo Simples Nacional, o prazo é de três anos.

Art. 16. Esta Lei entrará em vigor na data de sua publicação.

Rio de Janeiro, 06 de dezembro de 2013

SÉRGIO CABRAL
Governador

Leis absurdas do Brasil | ANDRÉ COSTA

Projeto de Lei nº 1497/2012
Autoria do Deputado: Wagner Montes

RAZÕES DE VETO PARCIAL AO PROJETO DE LEI Nº 1497/2012, DE AUTORIA DO SENHOR DEPUTADO WAGNER MONTES, QUE "DISPÕE SOBRE A CRIAÇÃO DO LIVRO DE RECLAMAÇÕES EM TODOS OS ESTABELECIMENTOS DE FORNECIMENTO DE BENS OU PRESTAÇÃO DE SERVIÇOS NO ESTADO DO RIO DE JANEIRO".

Sem embargo da elogiável inspiração dessa Egrégia Casa de Leis, fui levado à contingência de vetar parcialmente o projeto, incidindo o veto sobre os arts. 8º, 9º, 11 e 12.

É que tais dispositivos tratam, detalhadamente, de organização administrativa, que é campo privativo de atuação do Governador, permitindo-lhe decisões de acordo com critérios de oportunidade e conveniência, em conformidade com o art. 84, incisos II e VI, alínea "a", da Constituição Federal.

Com efeito, a proposta cria novas obrigações para o PROCON, sendo certo que a iniciativa de projetos com tais objetivos é privativa do Governador, porque envolve a criação de atribuições para os órgãos do Estado (art. 112, § 1º, II, d, da CE).

Assim, caso sancionada integralmente, a proposição legislativa caracterizaria uma indevida ingerência por parte do Poder Legislativo na esfera de atuação do Poder Executivo, o que afrontaria o princípio constitucional da Separação dos Poderes, consagrado no art. 2º da Constituição Federal.

Leia-se, neste sentido, o posicionamento do Tribunal de Justiça do Estado do Rio de Janeiro:

"REPRESENTAÇÃO DE INCONSTITUCIONALIDADE DA LEI MUNICIPAL Nº 5.365/2012. INCONSTITUCIONALIDADE FORMAL. VÍCIO DE INCIATI-

APÊNDICE

VA. COMPETÊNCIA PRIVATIVA DO CHEFE DO PODER EXECUTIVO LOCAL. INCONSTITUCIONALIDADE RECONHECIDA. Ofende aos artigos 7º, 112, § 1, II, "d", da Constituição do Estado do Rio de Janeiro a iniciativa do legislador em criar atribuições ao Poder Executivo. Representação de Inconstitucionalidade que se julga procedente". Desembargador Cherubin Helcias Schwartz - Julgamento: 30.09.2013 - Órgão Especial.

Por todo o exposto não restou outra opção que não fosse a de apor o veto parcial que ora encaminho à deliberação dessa nobre Casa Parlamentar.

SÉRGIO CABRAL
Governador

ANEXO 33

Lei, N° 9.956, de 12 de janeiro de 2000[36].

Proíbe o funcionamento de bombas de auto-serviço nos postos de abastecimento de combustíveis e dá outras providências.

O PRESIDENTE DA REPÚBLICA

Faço saber que o Congresso Nacional decreta e eu sanciono a seguinte Lei:

Art. 1º. Fica proibido o funcionamento de bombas de auto-serviço operadas pelo próprio consumidor nos postos de abastecimento de combustíveis, em todo o território nacional.

Art. 2º. O descumprimento do disposto nesta Lei implicará aplicação de multa equivalente a duas mil UFIR ao posto de combustível infrator e à distribuidora à qual o posto estiver vinculado.

Parágrafo único. A reincidência no descumprimento desta Lei implicará o pagamento do dobro do valor da multa estabelecida no *caput* deste

---

36 Disponível em: <https://www2.camara.leg.br/legin/fed/lei/2000/lei-9956-12-janeiro-2000-370261-norma-pl.html>. Acesso em 8/set/2020.

APÊNDICE

artigo, e, em caso de constatação do terceiro descumprimento, no fechamento do posto.

Art. 3º. Esta Lei entra em vigor na data de sua publicação.

Brasília, 12 de janeiro de 2000; 179º da Independência e 112º da República.

FERNANDO HENRIQUE CARDOSO
Rodolpho Tourinho Neto

ANEXO 34

Medida Provisória, *Nº 2.228-1*, de 6 de Setembro de 2001[37].

O PRESIDENTE DA REPÚBLICA, no uso da atribuição que lhe confere o art. 62 da Constituição, adota a seguinte Medida Provisória, com força de lei:

Art.55. Por um prazo de vinte anos, contados a partir de 5 de setembro de 2001, as empresas proprietárias, locatárias ou arrendatárias de salas, espaços ou locais de exibição pública comercial exibirão obras cinematográficas brasileiras de longa metragem, por um número de dias fixado, anualmente, por decreto, ouvidas as entidades representativas dos produtores, distribuidores e exibidores.

§ 1º A exibição de obras cinematográficas brasileiras far-se-á proporcionalmente, no semestre, podendo o exibidor antecipar a programação do semestre seguinte.

§ 2º A ANCINE aferirá, semestralmente, o cumprimento do disposto neste artigo.

---

[37] Disponível em: <http://www.planalto.gov.br/ccivil_03/mpv/2228-1.htm>. Acesso em 8/set/2020.

APÊNDICE

§ 3º As obras cinematográficas e os telefilmes que forem exibidos em meios eletrônicos antes da exibição comercial em salas não serão computados para fins do cumprimento do disposto no *caput*.

ANEXO 35

Lei, *Nº 16.726*, de 22 de maio de 2018[38].

(Projeto de lei *nº 1193*, de 2015, do Deputado Wellington Moura - PRB)

Obriga as operadoras de serviços de telefonia fixa e móvel, bem como as operadoras de televisão por assinatura, a divulgarem e manterem estabelecimento físico em cada cidade na qual prestarem serviços no Estado, para atendimento presencial ao consumidor.

O PRESIDENTE DA ASSEMBLEIA LEGISLATIVA:
Faço saber que a Assembleia Legislativa decreta e eu promulgo, nos termos do artigo 28, § 8º, da Constituição do Estado, a seguinte lei:

Artigo 1º - Ficam obrigadas as operadoras de serviços de telefonia fixa e móvel, bem como as operadoras de televisão por assinatura, a divulgarem e manterem estabelecimento físico em cada cidade na qual prestarem serviços no Estado, para atendimento presencial ao consumidor.
§ 1º - O atendimento presencial permite o encaminhamento de qualquer espécie de solicitação a respeito dos serviços em oferta ou promoção.

---

[38] Disponível em: <https://www.al.sp.gov.br/repositorio/legislacao/lei/2018/lei-16726-22.05.2018.html>. Acesso em 8/set/2020.

APÊNDICE

§ 2º - O endereço comercial físico deverá constar no sítio eletrônico das operadoras, no contrato de prestação de serviços, em local de destaque e de fácil visualização, e na conta encaminhada ao consumidor via *email* ou para sua residência, com todas as informações necessárias para sua fácil localização e contato.

§ 3º - O estabelecimento físico funcionará como posto de atendimento ao consumidor e será instalado na proporção 1 (um) para cada 50.000 (cinquenta mil) habitantes em cada cidade na qual prestar serviços, no Estado.

Artigo 2º - O Poder Executivo regulamentará esta lei, estabelecendo as normas necessárias ao seu cumprimento.

Artigo 3º - As operadoras de serviços de telefonia fixa e móvel, bem como as operadoras de televisão por assinatura, deverão se adaptar ao disposto nesta lei no prazo de 180 (cento e oitenta) dias.

Artigo 4º - Esta lei entra em vigor na data de sua publicação.

Assembleia Legislativa do Estado de São Paulo, aos 22 de maio de 2018.
a) CAUÊ MACRIS - Presidente
Publicada na Secretaria da Assembleia Legislativa do Estado de São Paulo, aos 22 de maio de 2018.
Rodrigo del Nero - Secretário-Geral Parlamentar

ANEXO 36

Lei, N° 15.854, de 02 de julho de 2015[39].

(Atualizada até a concessão da liminar na ADI 5443)

(Projeto de Lei nº 258, de 2014, do Deputado Alencar Santana Braga - PT)

Dispõe sobre a obrigatoriedade de os fornecedores de serviços prestados de forma contínua estenderem o benefício de novas promoções aos clientes preexistentes
O PRESIDENTE DA ASSEMBLEIA LEGISLATIVA:

Faço saber que a Assembleia Legislativa decreta e eu promulgo, nos termos do artigo 28, § 8º, da Constituição do Estado, a seguinte lei:

Artigo 1º - Ficam os fornecedores de serviços prestados de forma contínua obrigados a conceder a seus clientes preexistentes os mesmos benefícios de promoções posteriormente realizadas.

Parágrafo único - Para os efeitos desta lei, enquadram-se na classificação de prestadores de serviços contínuos, dentre outros:

---

[39] Disponível em: <https://www.al.sp.gov.br/repositorio/legislacao/lei/2015/lei-15854-02.07.2015.html>. Acesso em 8/set/2020.

APÊNDICE

1. concessionárias de serviço telefônico, energia elétrica, água, gás e outros serviços essenciais;
1. Item 1 com eficácia suspensa por decisão liminar do Supremo Tribunal Federal, em Ação Direta de Inconstitucionalidade.
- Em 18/12/2015, foi concedida liminar para suspender a aplicação do artigo 1º, p. único, item 1, nos autos da Ação Direta de Inconstitucionalidade 5443, em trâmite no STF.
2. operadoras de TV por assinatura;
3. provedores de "*internet*";
4. operadoras de planos de saúde;
5. serviço privado de educação;
6. outros serviços prestados de forma contínua aos consumidores.

Artigo 2º - A extensão do benefício de promoções realizadas pelas empresas prestadoras de serviço a seus antigos clientes será automática, a partir do lançamento da promoção, sem distinção fundada na data de adesão ou qualquer outra forma de discriminação dentro da área geográfica da oferta.

Artigo 3º - O fornecedor de serviço que não cumprir o disposto nesta lei ficará sujeito às seguintes sanções:

I - multa de 10 (dez) a 1.000 (mil) Unidades Fiscais do Estado de São Paulo (UFESPs), para cada cliente anterior à promoção não beneficiado pela promoção lançada;
II - multa em dobro e cassação da inscrição estadual, em caso de reincidência.

Artigo 4º - A fiscalização desta lei ficará a cargo da Fundação de Proteção e Defesa do Consumidor - PROCON, que poderá firmar convênios com os Municípios para o mesmo fim.

Artigo 5º - Esta lei entra em vigor após decorridos 60 (sessenta) dias de sua publicação oficial.

Assembleia Legislativa do Estado de São Paulo, aos 2 de julho de 2015.
Fernando Capez - Presidente
Publicada na Secretaria da Assembleia Legislativa do Estado de São Paulo, aos 2 de julho de 2015.
Rodrigo del Nero - Secretário Geral Parlamentar

ANEXO 37

Lei, *Nº 4.779*, de 18 de janeiro de 2019[40].

DISPÕE sobre a utilização de águas da chuva por meio da implantação de sistema de captação pelos postos de serviços de lava-rápido, no âmbito do Estado do Amazonas, e dá outras providências.

A ASSEMBLEIA LEGISLATIVA DO ESTADO DO AMAZONAS
DECRETA:

Art. 1º As instituições comerciais e os postos de gasolina, no âmbito do Estado do Amazonas, que além das suas atividades também disponibilizem o serviço de lava-rápido, utilizarão água de reuso da chuva obtida por meio da implantação de um sistema de captação para uso exclusivo na lavagem de veículos automotores.

Parágrafo único. Para os fins previstos nesta Lei, nos períodos da estação seca, em que não houver chuvas no Estado do Amazonas, poderão ser utilizadas outras fontes de água de forma racionada e equilibrada, de modo a não causar danos ao meio ambiente e a terceiros durante a prestação do serviço.

---

40 Disponível em: <https://sapl.al.am.leg.br/media/sapl/public/normajuridica/2019/10356/lei_4779.pdf>. Acesso em 9/set/2020.

Art. 2º No processo de captação e armazenamento para reuso de água da chuva, deverá ser observada a legislação que rege a matéria, notadamente as resoluções emanadas do Conselho Nacional do Meio Ambiente - CONAMA, nos termos da Legislação Federal vigente sobre o meio ambiente, e eventuais normas editadas pela Associação Brasileira de Normas Técnicas - ABNT, independentemente da competência de outros órgãos estaduais e municipais, concernentes à formalização e regularização dos serviços a serem prestados à população amazonense, previstas em Lei.

Art. 3º Os resíduos resultantes do processo de armazenamento da água reutilizada na lavagem de veículos deverão ter destinação ambientalmente adequada, de acordo com a legislação ambiental em vigor.

Art. 4º Os postos de gasolina e outras atividades comerciais, que disponibilizem o serviço de lava-rápido, terão o prazo de 180 (cento e oitenta) dias, a partir da publicação desta Lei, para se adaptarem às suas disposições.

Art. 5º Vencido o prazo determinado no artigo anterior, os responsáveis pelos postos de serviço deverão ser notificados para se adequarem às exigências da presente Lei, em novo prazo e, no máximo, por 60 (sessenta) dias.

Art. 6º A inobservância do disposto nesta Lei implicará ao infrator a suspensão temporária do direito de prestar o serviço de lava-jato em veículos automotores, pelo prazo de até 90 (noventa) dias e, em caso de reincidência, a suspensão do referido direito poderá ser aplicada até o dobro e, persistindo a reincidência, a autorização para funcionamento poderá ser cassada definitivamente, independente de outras sanções administrativas, cíveis e penais previstas em Lei, decorrentes dos danos causados.

APÊNDICE

Art. 7º De acordo com sua conveniência e discricionariedade, poderá o Poder Executivo Estadual criar programas de financiamento para incentivar a implementação do disposto nesta Lei, objetivando a ampliação de postos de trabalho indireto decorrente da atividade de lava- jato em veículos automotores.

Art. 8º VETADO.

Art. 9º VETADO.

Art. 10º Esta Lei entra em vigor na data de sua publicação.

ANEXO 38

Lei *Nº 1960/2018*[41].

"Estabelece normas para construção ou instalação de postos de combustíveis no âmbito do Município de Matinhos, e dá outras providências".

A Câmara Municipal de Matinhos, Estado do Paraná, aprovou e eu, Prefeito Municipal, sanciono a seguinte Lei.

Art. 1º A construção ou instalação de postos de combustíveis no âmbito do Município de Matinhos deverá obedecer à distância de afastamento mínima de 02 km (dois quilômetros) de qualquer outro posto existente ou licenciado.

Parágrafo único. À distância descrita no *caput* deste artigo deverá ser aferida tomando-se por base o menor percurso viário.

Art. 2º suprimido.

---

41 Disponível em: <https://www.camaramatinhos.pr.gov.br/54-leis/4164-lei-1960-estabelece-normas-para-construção-ou-instalação-de-postos-de-combust%C3%ADveis-no-âmbito-do-munic%C3%ADpio-de-matinhos-e-dá-outras-providências-regulamentando-atividades.html>. Acesso em 9/set/2020.

APÊNDICE

Art. 3º As distâncias mínimas estabelecidas nesta Lei não se aplicam aos postos instalados ou construídos até a entrada em vigor da presente lei.

Matinhos, 07 de maio de 2018.

Ruy Hauer Reichert
Prefeito do Município de Matinhos

ANEXO 39

Lei, *Nº 1626*, de 17 de outubro de 1990[42].

TORNA OBRIGATÓRIA A PRESENÇA DE ASCENSORISTAS NO INTERIOR DE ELEVADORES EM PRÉDIOS COMERCIAIS E MISTOS NO MUNICÍPIO DO RIO DE JANEIRO E DÁ OUTRAS PROVIDÊNCIAS.

O Presidente da Câmara Municipal do Rio de Janeiro nos termos do artigo 79, § 7º, da Lei Orgânica do Município do Rio de Janeiro, de 5 de abril de 1990, promulga a Lei nº 1626, de 17 de outubro de 1990, oriunda do Projeto de Lei nº 480, de 1989, de autoria do Senhor Vereador Sami Jorge.

Art. 1º Fica determinada a obrigatoriedade de ascensoristas no interior de elevadores em prédios comerciais e mistos, mesmo em elevadores automatizados.

Art. 2º Para efeito da presente Lei, tornar-se-á obrigatória aos ascensoristas formação específica através de curso profissional ministrado pelo órgão competente, com o devido registro profissional.

---
42 Disponível em: <https://https://leismunicipais.com.br/a/rj/r/rio-de-janeiro/lei-ordinaria/1990/163/1626/lei-organica-rio-de-janeiro-rj/54-leis/4164-lei--1960-estabelece-normas-para-construção-ou-instalação-de-postos-de--combust%C3%ADveis-no-âmbito-do-munic%C3%ADpio-de-matinhos-e--dá-outras-providências-regulamentando-atividades.html>. Acesso em 9/set/2020.

APÊNDICE

Art. 3º Será dever e responsabilidade dos órgãos fiscalizadores municipais, através do Departamento de Instalações Mecânicas, da Secretaria Municipal de Urbanismo e Meio Ambiente, zelar pelo cumprimento da presente Lei.

Parágrafo Único: O não cumprimento da presente Lei acarretará ao proprietário ou condomínio sanção pecuniária equivalente a 100 UNIFS, além de ser responsabilizado por danos causados a terceiros, decorrentes da falta de ascensorista ou de ascensorista não habilitado.

Art. 4º Esta Lei entrará em vigor na data de sua publicação, revogadas as disposições em contrário.

Câmara Municipal do Rio de Janeiro, em 17 de outubro de 1990.

REGINA GORDILHO
Presidente

ANEXO 40

Decreto Federal, *Nº 3.199*, de 14 de abril de 1941[43].

Estabelece as bases de organização dos desportos em todo o país.

O PRESIDENTE DA REPÚBLICA, usando da atribuição que lhe confere o art. 180 da Constituição,
DECRETA:

CAPÍTULO IX
DISPOSIÇÕES GERAIS E TRANSITÓRIAS

Art. 46. Toda a matéria relativa à organização desportiva do país deverá ser regulada por lei federal.

Art. 47. As confederações terão sede na Capital da República; as federações, salvo as do Distrito Federal, nas capitais dos Estados ou Territórios; e as ligas nas sedes dos Municípios.

Art. 48. A entidade desportiva exerce uma função de caráter patriótico. É proibido a organização e funcionamento de entidade desportiva, de que resulte lucro para os que nela empreguem capitais sob qualquer forma.

....

[43] Disponível em: <http://www.planalto.gov.br/ccivil_03/Decreto--Lei/1937-1946/Del3199.htm>. Acesso em 9/set/2020.

APÊNDICE

Art. 49. A função executiva, na administração de qualquer entidade desportiva, caberá ao respectivo presidente.

Art. 50. As funções de direção das entidades desportivas não poderão ser, de nenhum modo, remuneradas.

Art. 51. As diretorias das entidades desportivas serão compostas de brasileiros natos ou naturalizados; os seus conselhos deverão constituir-se de dois terços de brasileiros natos ou naturalizados pelo menos.

Parágrafo único. Poderá o Conselho Nacional de Desportos abrir exceção para o estrangeiro radicado no país, com relevantes serviços prestados à comunidade brasileira em geral ou aos desportos nacionais em particular.

Art. 52. Só poderão ser contratados técnicos estrangeiros em desportos, com autorização do Conselho Nacional de Desportos, salvo se se destinarem a qualquer serviço oficial.

Art. 53. É dever das entidades desportivas, que abranjam desportos de prática profissional, organizar a superintendência técnica das atividades amadoras correspondentes e realizar torneios e campeonatos exclusivamente de amadores.

Art. 54. Às mulheres não se permitirá a prática de desportos incompatíveis com as condições de sua natureza, devendo, para este efeito, o Conselho Nacional de Desportos baixar as necessárias instruções às entidades desportivas do país.

ANEXO 41

Lei, *N° 10.297*, de 29 de Abril de 1999[44].

Dispõe sobre a comercialização de café, tradicional "cafezinho", nos bares, restaurantes e similares, no Estado de São Paulo.

O Presidente da Assembleia Legislativa:

Faço saber que a Assembleia Legislativa decreta e eu promulgo, nos termos do Artigo 28, § 8.º, da Constituição do Estado, a seguinte lei:

Artigo 1.º - Fica obrigatório aos bares, restaurantes e similares, no Estado, ter à disposição do cliente o café amargo, deixando-lhe a opção do uso de adoçante ou açúcar, podendo o estabelecimento comercializá-lo nas duas maneiras.

Artigo 2.º - Esta lei entrará em vigor na data de sua publicação.

Assembleia Legislativa do Estado de São Paulo, aos 29 de abril de 1999.

a) VANDERLEI MACRIS - Presidente

---

[44] Disponível em: <https://www.al.sp.gov.br/repositorio/legislacao/lei/1999/lei-10297-29.04.1999.html>. Acesso em 9/set/2020.

APÊNDICE

Publicada na Secretaria da Assembleia Legislativa do Estado de São Paulo, aos 29 de abril de 1999.

Auro Augusto Caliman - Secretário Geral Parlamentar

ANEXO 42

Lei, *Nº 8.966* de 14 de Setembro de 2005[45].

Dispõe sobre a prevenção e controle das zoonoses e endemias no Município de Fortaleza e dá outras providências.

Faço saber que a Câmara Municipal de Fortaleza aprovou e eu sanciono a seguinte Lei:

CAPÍTULO VIII - DAS DISPOSIÇÕES GERAIS

Art. 36. Ficam proibidos a criação, o alojamento e a manutenção de mais de 5 (cinco) animais, no total, das espécies canina e felina, com idade superior a 90 (noventa) dias, no perímetro urbano, salvo nas propriedades urbanas que comportem tal manutenção sem prejuízo da qualidade de vida da população, mediante autorização da autoridade sanitária, segundo as determinações da presente Lei.

§ 1º A criação, o alojamento e a manutenção de animais, em quantidade superior ao estabelecido no *caput* deste artigo, caracterizarão canil de propriedade privada.

---

[45] Disponível em: <https://www.legisweb.com.br/legislacao/?id=174818>. Acesso em 10/set/2020.

APÊNDICE

§ 2º Os canis de propriedade privada somente poderão funcionar após a vistoria técnica efetuada pela autoridade competente, quando serão examinadas as condições de alojamento e manutenção de animais e expedido o laudo pelo órgão responsável.

PAÇO DA PREFEITURA MUNICIPAL DE FORTALEZA, em 14 de setembro de 2005.
Luizianne de Oliveira Lins - PREFEITA MUNICIPAL DE FORTALEZA.

ANEXO 43

Lei, N° 9.504, de 30 de setembro de 1997[46].

Estabelece normas para as eleições

O VICE-PRESIDENTE DA REPÚBLICA no exercício do cargo de PRESIDENTE DA REPÚBLICA Faço saber que o Congresso Nacional decreta e eu sanciono a seguinte Lei:

Art. 45. Encerrado o prazo para a realização das convenções no ano das eleições, é vedado às emissoras de rádio e televisão, em sua programação normal e em seu noticiário: (Redação dada pela Lei n° 13.165, de 2015)
I - transmitir, ainda que sob a forma de entrevista jornalística, imagens de realização de pesquisa ou qualquer outro tipo de consulta popular de natureza eleitoral em que seja possível identificar o entrevistado ou em que haja manipulação de dados;
II - usar trucagem, montagem ou outro recurso de áudio ou vídeo que, de qualquer forma, degradem ou ridicularizem candidato, partido ou coligação, ou produzir ou veicular programa com esse efeito; (Vide ADIN 4.451)

....
46   Disponível em: <http://www.planalto.gov.br/ccivil_03/leis/l9504.htm>. Acesso em 10/set/2020.

APÊNDICE

III - veicular propaganda política ou difundir opinião favorável ou contrária a candidato, partido, coligação, a seus órgãos ou representantes; (Vide ADIN 4.451)

IV - dar tratamento privilegiado a candidato, partido ou coligação;

V - veicular ou divulgar filmes, novelas, minisséries ou qualquer outro programa com alusão ou crítica a candidato ou partido político, mesmo que dissimuladamente, exceto programas jornalísticos ou debates políticos;

VI - divulgar nome de programa que se refira a candidato escolhido em convenção, ainda quando preexistente, inclusive se coincidente com o nome do candidato ou com a variação nominal por ele adotada. Sendo o nome do programa o mesmo que o do candidato, fica proibida a sua divulgação, sob pena de cancelamento do respectivo registro.

§ 1º A partir de 1º de agosto do ano da eleição, é vedado ainda às emissoras transmitir programa apresentado ou comentado por candidato escolhido em convenção.

§ 1º A partir do resultado da convenção, é vedado, ainda, às emissoras transmitir programa apresentado ou comentado por candidato escolhido em convenção. (Redação dada pela Lei nº 11.300, de 2006)

§ 1º A partir de 30 de junho do ano da eleição, é vedado, ainda, às emissoras transmitir programa apresentado ou comentado por pré-candidato, sob pena, no caso de sua escolha na convenção partidária, de imposição da multa prevista no § 2º e de cancelamento do registro da candidatura do beneficiário.

§ 2º Sem prejuízo do disposto no parágrafo único do art. 55, a inobservância do disposto neste artigo sujeita a emissora ao pagamento de multa no valor de vinte mil a cem mil UFIR, duplicada em caso de reincidência.

§ 3º As disposições deste artigo aplicam-se aos sítios mantidos pelas empresas de comunicação social na *Internet* e demais redes destinadas à prestação de serviços de telecomunicações de valor adicionado.

§ 4º Entende-se por trucagem todo e qualquer efeito realizado em áudio ou vídeo que degradar ou ridicularizar candidato, partido político ou coligação, ou que desvirtuar a realidade e beneficiar ou prejudicar qualquer candidato, partido político ou coligação.

§ 5º Entende-se por montagem toda e qualquer junção de registros de áudio ou vídeo que degradar ou ridicularizar candidato, partido político ou coligação, ou que desvirtuar a realidade e beneficiar ou prejudicar qualquer candidato, partido político ou coligação. (Incluído pela Lei nº 12.034, de 2009)

§ 6º É permitido ao partido político utilizar na propaganda eleitoral de seus candidatos em âmbito regional, inclusive no horário eleitoral gratuito, a imagem e a voz de candidato ou militante de partido político que integre a sua coligação em âmbito nacional. (Incluído pela Lei nº 12.034, de 2009)

ANEXO 44

Lei, N° 12.884, de 03 de janeiro de 2008[47].

(publicada no DOE no 003, de 04 de janeiro de 2008)

Dispõe sobre a utilização de aparelhos de telefonia celular nos estabelecimentos de ensino do Estado do Rio Grande do Sul.

A GOVERNADORA DO ESTADO DO RIO GRANDE DO SUL.
Faço saber, em cumprimento ao disposto no artigo 82, inciso IV, da Constituição do Estado, que a Assembléia Legislativa aprovou e eu sanciono e promulgo a Lei seguinte:

Art. 1º - Fica proibida a utilização de aparelhos de telefonia celular dentro das salas de aula, nos estabelecimentos de ensino do Estado do Rio Grande do Sul.

Parágrafo único - Os telefones celulares deverão ser mantidos desligados, enquanto as aulas estiverem sendo ministradas.

Art. 2º - Esta Lei entra em vigor na data de sua publicação. PALÁCIO PIRATINI, em Porto Alegre, 03 de janeiro de 2008.

FIM DO DOCUMENTO

....
[47] Disponível em: <http://www.al.rs.gov.br/filerepository/replegis/arquivos/12.884.pdf>. Acesso em 10/set/2020.

ANEXO 45

Lei, N° 18372, de 04 de setembro de 2009[48].

O GOVERNADOR DO ESTADO DE MINAS GERAIS,

O Povo do Estado de Minas Gerais, por seus representantes, decretou e eu, em seu nome, promulgo a seguinte Lei:

Art. 1º Fica acrescentado à Lei nº 15.072, de 5 de abril de 2004, o seguinte art. 3º -A:
"Art. 3º -A. Os lanches e as bebidas fornecidos e comercializados nas escolas das redes pública e privada do Estado serão preparados conforme padrões de qualidade nutricional compatíveis com a promoção da saúde dos alunos e a prevenção da obesidade infantil.
§ 1º São vedados, nos estabelecimentos a que se refere o *caput* deste artigo, o fornecimento e a comercialização de produtos e preparações com altos teores de calorias, gordura saturada, gordura trans, açúcar livre e sal, ou com poucos nutrientes, nos termos de regulamento.
§ 2º O descumprimento do disposto neste artigo sujeitará o infrator às penalidades previstas na legislação sanitária". (nr)

---

48 Disponível em: <https://www.almg.gov.br/consulte/legislacao/completa/completa.html?num=18372&ano=2009&tipo=LEI>. Acesso em 10/set/2020.

APÊNDICE

Art. 2º A alteração efetivada por esta Lei entra em vigor cento e oitenta dias após a data de sua publicação.

Palácio da Liberdade, em Belo Horizonte, aos 4 de setembro e 2009; 221º da Inconfidência Mineira e 188º da Independência do Brasil.

AÉCIO NEVES
Danilo de Castro
Renata Maria Paes de Vilhena
Vanessa Guimarães Pinto

ANEXO 46

Lei, Nº 15.347, de 2 de outubro de 2019[49].

Inclui o doce de leite na dieta da merenda escolar nas escolas da rede estadual de ensino.

(publicada no DOE nº 193, de 3 de outubro de 2019) O GOVERNADOR DO ESTADO DO RIO GRANDE DO SUL.

Faço saber, em cumprimento ao disposto no artigo 82, inciso IV, da Constituição do Estado, que a Assembleia Legislativa aprovou e eu sanciono e promulgo a Lei seguinte:

Art. 1º Fica incluído o doce de leite na dieta da merenda escolar nas escolas da rede estadual de ensino, como forma de garantir o equilíbrio alimentar dos alunos, respeitadas as normas nutricionais pertinentes.

Art. 2º Esta Lei poderá ser regulamentada para garantir sua execução.

Art. 3º Esta Lei entra em vigor na data de sua publicação.
PALÁCIO PIRATINI, em Porto Alegre, 2 de outubro de 2019.

---

[49] Disponível em: <https://leisestaduais.com.br/rs/lei-ordinaria-n-15347-2019-rio-grande-do-sul-inclui-o-doce-de-leite-na-dieta-da-merenda-escolar-nas-escolas-da-rede-estadual-de-ensino>. Acesso em 10/set/2020.

ANEXO 47

Portaria - N° 422, de 18 de Julho de 2013[50].

Identifica hipóteses de comprometimento do caráter exclusivamente artístico, cultural, desportivo ou recreativo de concurso destinado à distribuição gratuita de prêmios a que se referem a Lei n° 5.768, de 20 de dezembro de 1971, e o Decreto n° 70.951, de 9 de agosto de 1972.

O MINISTRO DE ESTADO DA FAZENDA, no uso das atribuições que lhe confere o art. 87, parágrafo único, inciso II, da Constituição e tendo em vista o disposto no art. 3°, inciso II, da Lei no 5.768, de 20 de dezembro de 1971, no art. 27, inciso XII, alínea "i", item no 1, da Lei no 10.683, de 28 de maio de 2003, e no art. 30 do Decreto no 70.951, de 9 de agosto de 1972, resolve:

Art. 1° O pedido de autorização para a realização de distribuição gratuita de prêmios a título de propaganda, quando efetuada mediante sorteio, vale-brinde, concurso ou modalidade assemelhada, a que se refere a Lei n° 5.768, de 20 de dezembro de 1971, deverá ser apresentado à Secretaria de Acompanhamento Econômico do Ministério da Fazenda ou à Caixa Econômica Federal, nos termos do disposto no art. 15 da Portaria MF n° 41, de 19 de fevereiro de 2008.

---

50 Disponível em: <https://www.in.gov.br/materia/-/asset_publisher/Kujr-woTZC2Mb/content/id/30797038>. Acesso em 10/set/2020.

Parágrafo único. Independe de autorização prévia a distribuição gratuita de prêmios, quando efetuada mediante concurso exclusivamente artístico, cultural, desportivo ou recreativo, nos termos do inciso II do art. 3º da Lei no 5.768, de 1971, e do art. 30 do Decreto no 70.951, de 9 de agosto de 1972.

Art. 2º Fica descaracterizado como exclusivamente artístico, cultural, desportivo ou recreativo o concurso em que se consumar a presença ou a ocorrência de ao menos um dos seguintes elementos, além de outros, na medida em que configurem o intuito de promoção comercial:

I - propaganda da promotora ou de algum de seus produtos ou serviços, bem como de terceiros, nos materiais de divulgação em qualquer canal ou meio, ressalvada a mera identificação da promotora do concurso;

II - marca, nome, produto, serviço, atividade ou outro elemento de identificação da empresa promotora, ou de terceiros, no material a ser produzido pelo participante ou na mecânica do concurso, vedada, ainda, a identificação no nome ou chamada da promoção;

III- subordinação a alguma modalidade de álea ou pagamento pelos concorrentes, em qualquer fase do concurso;

IV - vinculação dos concorrentes ou dos contemplados com premiação à aquisição ou uso de algum bem, direito ou serviço;

V - exposição do participante a produtos, serviços ou marcas da promotora ou de terceiros, em qualquer meio;

VI - adivinhação;

VII - divulgação do concurso na embalagem de produto da promotora ou de terceiros;

VIII - exigência de preenchimento de cadastro detalhado, ou resposta a pesquisas, e de aceitação de recebimento de material publicitário de qualquer natureza;

IX - premiação que envolve produto ou serviço da promotora;

X- realização de concurso em rede social, permitida apenas sua divulgação no referido meio;

XI - realização de concurso por meio televisivo, mediante participação onerosa; e

APÊNDICE

XII - vinculação a eventos e datas comemorativas, como campeonatos esportivos, Dia das Mães, Natal, Dia dos Namorados, Dia dos Pais, Dia das Crianças, aniversário de Estado, de Município ou do Distrito Federal e demais hipóteses congêneres.

Parágrafo único. Descaracterizam igualmente o concurso como exclusivamente artístico, cultural, desportivo ou recreativo os casos em que a inscrição ou a participação forem:

I - efetuadas por meio de ligações telefônicas ou de serviço de mensagens curtas (em inglês, "Short Message Service – SMS") oferecido por operadora de telefonia denominada móvel ("celular");

II - subordinadas à adimplência com relação a produto ou serviço ofertado pela promotora ou terceiros; ou

III - exclusivas para clientes da promotora ou de terceiros.

Art. 3º Uma vez descaracterizado o concurso como exclusivamente artístico, cultural, desportivo ou recreativo, a distribuição gratuita de prêmios mediante concurso passa a ser regida pela Lei nº 5.768, de 1971, e sua regulamentação, e a empresa promotora fica sujeita às penalidades previstas no art. 12 da referida Lei, sem prejuízo de outras sanções cabíveis.

Art. 4º Esta Portaria entra em vigor na data de sua publicação.

ANEXO 48

Lei, *Nº 3306/1997* de 02 de setembro de 1997[51].

DISPÕE SOBRE CORREÇÃO DE ERROS DE GRAFIA EM MEIOS DE PUBLICIDADE E DÁ OUTRAS PROVIDÊNCIAS.

A Câmara Municipal de Pouso Alegre, Estado de Minas Gerais, aprova e o Chefe do Poder Executivo sanciona e promulga a seguinte Lei:

Art. 1º A publicidade veiculada por escrito em faixas *OUTDOORS*, cartazes, panfletos ou outros meios, deverá obedecer a ortografia, regência e concordância oficiais da língua portuguesa.

Art. 2º Todo nome de fantasia que constar como verbete dos dicionários da Língua Portuguesa deverá obedecer à grafia constante desses dicionários, ressalvando-se os neologismos, nomes em outros idiomas ou grafias exóticas registradas como marcas.

---

51 Disponível em: <https://leismunicipais.com.br/a/mg/p/pouso-alegre/lei-ordinaria/1997/330/3306/lei-ordinaria-n-3306-1997-dispoe-sobre-correcao-de-erros-de-grafia-em-meios-de-publicidade-e-da-outras-providencias>. Acesso em 10/set/2020.

APÊNDICE

Art. 3º Fica estipulada a multa de R$ 500,00 (quinhentos reais) para *outdoors* e de R$ 100,00 (cem reais) para o DEMAIS MEIOS de comunicação escrita que contenham erros de ortografia, regência ou concordância, que não sejam corrigidos até 30 (trinta) dias após notificação da Fiscalização Municipal.

Art. 4º A Fiscalização Municipal poderá ser acionada por qualquer cidadão que verifique infração à presente Lei.

Art. 5º Fica concedido o prazo de cento e oitenta dias (180) a partir da vigência desta Lei para que as empresas que tenham publicidades irregularmente grafadas façam-lhes as necessárias correções.

Art. 6º A cobrança da Taxa de Licença para Publicidade, prevista no artigo 220 do Código Tributário Municipal (Lei nº 1086, de 9 de novembro de 1971) a partir de 1998 (mil novecentos e noventa e oito), será a constante da tabela anexa, a qual fica considerada parte integrante desta Lei.

Art. 7º As Secretarias da Educação e da Cultura oferecerão assessoria aos que necessitarem de esclarecimentos sobre a ortografia, regência e concordância, mediante instituição de plantões permanentes.

Art. 8º Ficam responsáveis pelas infrações, ora previstas, as pessoas físicas ou jurídicas autoras, distribuidoras ou proprietárias do material de publicidade retro citado, sobre quem recairão as respectivas penalidades.

Parágrafo Único - O não recolhimento das multas nos prazos estabelecidos, após advertência, implicará em suspensão do Alvará de Funcionamento até que a situação seja regularizada e, em caso de reincidência, suspensão definitiva do mesmo.

Art. 9º Revogadas as disposições em contrário, esta Lei entra em vigor na data de sua publicação.

PREFEITURA MUNICIPAL DE POUSO ALEGRE, 02 DE SETEMBRO DE 1997.

Jair Siqueira
PREFEITO MUNICIPAL

Eng° Liberângelo Mota Torino
SECRETÁRIO CHEFE DE GABINETE

ANEXO 49

Lei, Nº 1.208 de 25 de março de 1975[52].

INSTITUI NOVO CÓDIGO DE OBRAS PARA EDIFICAÇÕES NO MUNICÍPIO DE MANAUS E DÁ OUTRAS PROVIDÊNCIAS.

Art. 167 - Nas cozinhas, banheiros, *"toilletes"* e sanitários, o revestimento das paredes, a toda altura e largura, bem como dos pisos, deverá ser de material impermeável, salvo em edificações populares onde o revestimento das paredes poderá ter a altura de 1,50 m.

§ 1º - Nas cozinhas, sempre que houver pavimento superposto, o teto deverá ser construído em material incombustível.

§ 2º - Nos compartimentos sanitários providos de aquecedor a gás, carvão ou similar, deverá ser assegurada a ventilação por meio de aberturas próximas ao piso e ao teto.

....
52 Disponível em: <https://www.jusbrasil.com.br/topicos/13533077/artigo--167-da-lei-n-1208-de-25-de-marco-de-1975-do-municipio-de-manaus>. Acesso em 10/set/2020.

§ 3º - É proibida a abertura de cozinha diretamente para a sala, salvo quando se tratar de sala de jantar, independente, ou nos casos de habitações populares.

ANEXO 50

Lei, *Nº 1.331*, de 26 de março de 2019[53].

DELIMITA O NÚMERO MÁXIMO DE PESSOAS POR LOCAÇÃO, DURANTE A TEMPORADA DE VERÃO E DÁ OUTRAS PROVIDÊNCIAS.

JULIANO DUARTE CAMPOS, Prefeito Municipal de Governador Celso Ramos, no uso de suas atribuições, faz saber a todos os habitantes deste município, que a Câmara Municipal de Vereadores aprovou e ele sanciona a seguinte lei:

Art. 1º Fica a Prefeitura Municipal de Governador Celso Ramos autorizada a multar, durante a temporada de verão, no valor de 50 UFM (Unidade Fiscal Municipal) diários, o proprietário de imóvel submetido a locação que descumprir a presente lei.

Art. 2º A referida multa será aplicada ao proprietário do imóvel bem como ao corretor e ao dono da imobiliária que intermediarem a locação, quando se constatar excesso no número de pessoas por dormitório existente.

---

[53] Disponível em: <https://www.governadorcelsoramos.sc.gov.br/legislacao/index/detalhes/codMapaItem/33835&order=numero&order=default&order=dt-publicacao/codNorma/408877>. Acesso em 10/set/2020.

Parágrafo único. O número máximo de pessoas será de 02 (dois) adultos e 02 (duas) crianças com no máximo 12 (doze) anos de idade, por dormitório.

Art. 3º O disposto na presente lei também é aplicado aos proprietários de imóveis que, mesmo não os colocando para locação, excedam o limite máximo estipulado no artigo anterior.

Art. 4º Fica a Secretaria Municipal de Planejamento, Desenvolvimento Urbano e Meio Ambiente, responsável pela fiscalização e aplicação da presente lei.

Art. 5º Ficam revogadas as disposições em contrário.

Art. 6º Esta Lei entra em vigor na data de sua publicação.

Governador Celso Ramos, Santa Catarina, 26 de março de 2019.

JULIANO DUARTE CAMPOS
Prefeito Municipal

ANEXO 51

Lei, *Nº 10.036*, de 8 de agosto de 2006[54].

Dispõe sobre a colocação de obras de artes plásticas nas edificações com área adensável igual ou superior a 2.000m2 (dois mil metros quadrados) e dá outras providências.

O PREFEITO MUNICIPAL DE PORTO ALEGRE.
Faço saber que a Câmara Municipal aprovou e eu sanciono a seguinte Lei:

Art. 1º Toda edificação com área adensável igual ou superior a 2.000m2 (dois mil metros quadrados) que vier a ser construída no Município de Porto Alegre deverá conter, em local de visibilidade à população, obra de arte original, executada em escultura, vitral, pintura, mural, relevo escultórico ou outra forma de manifestação de artes plásticas, sem caráter publicitário.
§ 1º Ficam dispensados dessa exigência hangares, galpões de depósito, silos de armazenagem e edifícios-garagem.

....

54 Disponível em: <http://www2.portoalegre.rs.gov.br/cgi-bin/nph-brs?s1=000028471.DOCN.&l=20&u=/netahtml/sirel/simples.html&p=1&r=1&f=G&d=atos&SECT1=TEXT>. Acesso em 10/set/2020.

§ 2º Quando a construção for formada por um conjunto de prédios com a mesma finalidade e dentro de um projeto único, será considerada, para os efeitos desta Lei, como uma única edificação.

Art. 2º A obra de arte de que trata esta Lei será executada por artista plástico cadastrado nos termos desta Lei, com a chancela do autor do projeto arquitetônico, devendo ser compatível com a edificação e a ela integrar-se, não podendo ser executada em material facilmente perecível.

Parágrafo único. A conservação da obra de arte será de responsabilidade do(s) proprietário(s) da edificação.

Art. 3º Para os fins desta Lei, o Poder Executivo Municipal manterá um cadastro dos artistas plásticos interessados, aberto a consultas pelo público, contendo o currículo dos artistas, sua experiência, principais exposições de que tenham participado e descrição de obras eventualmente constantes em acervos particulares ou em museus nacionais e estrangeiros.

Parágrafo único. Para o cadastramento do artista, o Poder Executivo Municipal exigirá, tão-somente, a apresentação de seu currículo.

Art. 4º Para a obtenção da Carta de Habitação, deverá ser encaminhado ao Poder Executivo o projeto da obra de arte, contendo o nome do artista, a chancela do responsável técnico pelo projeto de arquitetura do empreendimento e a descrição da obra de arte e do local de sua colocação.

Parágrafo único. A Carta de Habitação somente será expedida mediante a comprovação de que a obra de arte foi concluída e colocada no local previamente determinado no projeto arquitetônico da edificação.

Art. 5º A obra de arte será vinculada à edificação, não podendo ser retirada, substituída ou ter suas características alteradas sem justificativa e prévia autorização do Poder Executivo Municipal, salvo ocorrência de caso fortuito ou força maior.

Art. 6º Caso a edificação venha a ser demolida, a respectiva obra de arte reverterá ao Poder Executivo Municipal, que lhe dará a devida destinação.

Art. 7º Esta Lei entra em vigor na data de sua publicação.

APÊNDICE

PREFEITURA MUNICIPAL DE PORTO ALEGRE, 8 de agosto de 2006.

José Fogaça,
Prefeito.
Maurício Dziedricki,
Secretário Municipal de Obras e Viação.

Registre-se e publique-se.
Clóvis Magalhães,
Secretário Municipal de Gestão e
Acompanhamento Estratégico.

ANEXO 52

Lei Federal, N° 7.474, de 8 de maio de 1986.

Dispõe sobre medidas de segurança aos ex-Presidentes da República, e dá outras providências.

Faço saber que o Congresso Nacional decretou, o Presidente da Câmara dos Deputados no exercício do cargo de Presidente da República, nos termos do § 2º do artigo 59, da Constituição Federal, sancionou, e eu, José Fragelli, Presidente do Senado Federal, nos termos do § 5º do artigo 59, da Constituição Federal, promulgo a seguinte.

Art 1º O Presidente da República, terminado o seu mandato, tem direito a utilizar os serviços de 4 (quatro) servidores, destinados a sua segurança pessoal, bem como a 2 (dois) veículos oficiais com motoristas, custeadas as despesas com dotações orçamentárias próprias da Presidência da República.

Art. 1º O Presidente da República, terminado o seu mandato, tem direito a utilizar os serviços de quatro servidores, para segurança e apoio pessoal, bem como a dois veículos oficiais com motoristas,

---

55 Disponível em: <http://www.planalto.gov.br/ccivil_03/leis/l7474.htm>. Acesso em 11/set/2020.

APÊNDICE

custeadas as despesas com dotações próprias da Presidência da República. (Redação dada pela Lei n° 8.889, de 21.6.1994)

Parágrafo único. Os quatro servidores, bem como os motoristas, de que trata o *caput* deste artigo, de livre indicação do ex-Presidente da República, ocuparão cargos em comissão, do Grupo-Direção e Assessoramento Superiores, até o nível DAS-102.4, ou gratificações de representação, da tabela da Presidência da República. (Parágrafo incluído pela Lei n° 8.889, de 21.6.1994)

§ 1° Os quatro servidores e os motoristas de que trata o *caput* deste artigo, de livre indicação do ex-Presidente da República, ocuparão cargos em comissão do Grupo-Direção e Assessoramento Superiores - DAS, até o nível 4, ou gratificações de representação, da estrutura da Presidência da República. (Redação dada pela Lei n° 10.609, de 20.12.2002)

§ 2° Além dos servidores de que trata o *caput*, os ex-Presidentes da República poderão contar, ainda, com o assessoramento de dois servidores ocupantes de cargos em comissão do Grupo-Direção e Assessoramento Superiores - DAS, de nível 5. (Redação dada pela Lei n° 10.609, de 20.12.2002)

Art 2° O Ministério da Justiça responsabilizar-se-á pela segurança dos candidatos à Presidência da República, a partir da homologação em convenção partidária.

Art 3° Esta lei entra em vigor na data de sua publicação.

Art 4° Revogam-se as disposições em contrário.

Senado Federal, em 8 de maio de 1986.

Senador JOSÉ FRAGELLI
Presidente

EPÍLOGO

Em 12 de dezembro de 1799, George Washington saiu a cavalo debaixo de neve. Ao retornar para casa, tarde da noite, se recusou a trocar sua roupa molhada, pois não queria deixar seus hóspedes esperando na sala. Quando acordou no dia seguinte, tinha a garganta inflamada e dificuldades para engolir.

Buscando uma solução para seu problema, ordenou então a um de seus assessores que retirasse um pouco de seu sangue, cerca de meio litro. A prática, conhecida como "sangria", era comum no século XVIII.

Como a saúde do ex-presidente dos EUA seguia sem melhorar, continuou-se o processo de sangria, até serem retirados aproximadamente 2,5 litros de sangue de seu corpo. George Washington faleceu no dia seguinte.

O que essa história tem a ver com leis absurdas e intervencionismo?

Em sua obra *Antifrágil*[56], Nassim Nicholas Taleb aborda o termo iatrogenia, que basicamente significa "o mal causado com a intenção de curar" ou a situação na qual uma medida gera mais danos do que benefícios.

Certamente os assessores de George Washington buscavam curá-lo daquela inflamação na garanta que o incomodava, mas os efeitos de sua intervenção foram fatais, ou ao menos contribuíram para acelerar sua morte.

....

56   TALEB, Nassin Nicholas. *Antifrágil. Op. cit.*

APÊNDICE

Da mesma forma, na economia, temos políticos armados com soluções para todos os problemas, sejam eles problemas complexos ou simples (como uma dor de garganta). Normalmente, suas propostas visam atacar consequências de primeira ordem, mas acabam por gerar problemas de segunda e terceira ordem ainda maiores.

Segundo Charlie Munger, lendário investidor americano e braço direito de Warren Buffet, as pessoas sofrem da chamada *"Do Something Syndrome"*. Espera-se que tenhamos uma opinião e uma atitude com respeito a todas as questões que nos cercam, ainda que não tenhamos ideia de como resolvê-las. Isso é ainda mais forte quando se trata de pessoas públicas e políticos. Infelizmente, a população – de modo geral – espera que essas pessoas tenham sempre as respostas para todos os problemas.

Dessa forma, acabamos por criar uma fábrica de leis que trazem enormes efeitos colaterais e poucos – se que é que algum – benefício. Acrescentamos cada vez mais riscos e temos cada vez menos retornos a cada intervenção que é feita.

A prática da sangria continuou popular na medicina até o começo do século XX. Até quando a *iatrogenia* continuará popular na política?

ÍNDICE

ÍNDICE REMISSIVO E ONOMÁSTICO

A

Acre, 52-53, 153-54
Amazonas, 91, 209
Amazônia, 110
Antifrágil – Coisas que se beneficiam do caos, de Nassim Nicholas Taleb, 103, 244
Assembléia Legislativa do estado de São Paulo, 41, 87, 135, 142, 162, 164, 167-68, 205-06, 208, 218-19

B

Balneário Camboriú-SC, 31, 61, 67, 125-26, 160-61, 169-70
Basílica da Natividade, Palestina, 53, 155
Bastiat, Claude-Frédéric (1801-1850), 21-22, 85
Bauru, o sanduíche, 29, 123-24
Bauru-SP, 29-30, 123-24
Belém, Palestina, 53, 155
Belo Horizonte-MG, 27, 74-75, 78, 121, 182-84, 186, 191-92, 227
Bíblia sagrada, 41, 49, 143
Bonito-MS, 51
Brasil, 14-16, 21-22, 25, 30, 39-40, 53, 84, 98, 100-01, 109, 111, 117, 146, 227
Buffet, Warren Edward (1930-), 245

C

Caixa Econômica Federal, 108, 229
Câmara Legislativa do Distrito Federal, 77, 189
Câmara Municipal de Aparecida de Goiânia, 171
Câmara Municipal de Bauru, 30
Câmara Municipal de Belo Horizonte, 74, 121, 184
Câmara Municipal de Fortaleza, 220
Câmara Municipal de Governador Celso Ramos, 237
Câmara Municipal de Matinhos, 212
Câmara Municipal de Pelotas, 49
Câmara Municipal de Petrópolis, 33
Câmara Municipal de Porto Alegre, 239
Câmara Municipal de Pouso Alegre, 232
Câmara Municipal de São Paulo, 39
Câmara Municipal do Rio de Janeiro, 34, 131, 133, 214-15
Caraguatatuba-SP, 76, 187-88
Ceará, 54, 157-58
"Ceará, Terra do Humor", 54, 157
China comunista, 81
Código Brasileiro do Consumidor, 72, 180

249

Código Civil brasileiro, 37-38
Código Penal brasileiro, 38
Conselho Federal de Nutricionistas, 71, 177-78
Conselho Nacional de Desportos, 98-99, 217
Consolidação das Leis do Trabalho (CLT), 59, 159
Constituição brasileira de 1988, 21, 155, 198, 202, 216, 242
Copas do Mundo de 1958, 1962 e 1970, 47, 146

D

"Dia do Servidor(a) Público Municipal Bonito Esteticamente", de Petrópolis, 32, 127
"Dia Municipal da Bíblia", de Pelotas, 49
"*Do Something Syndrome*", 245

E

Escola Austríaca de Economia, 21
Estado da Palestina, 53, 155
Estados Unidos, 110

F

Ferrari, 72
Fortaleza-CE, 101, 157, 220-21
Friedman, Milton (1912-2006), 57, 70, 78, 81-82

G

Governador Celso Ramos-SC, 111, 237-38
Guinness World Records, 16

I

Iatrogenia, termo de Nassim Nicholas Taleb em *Antifrágil*, 244-45
Igreja Universal, 41

Império Romano, 15
Instituto Brasileiro de Planejamento e Tributação (IBPT), 21

J

Jacquin, Érick (1964-), 77
Juan de Mariana, SJ (1536-1624), 21

L

Lamborghini, 72
Largo do Paissandu, São Paulo, 29, 123
Lei, A, de Frédéric Bastiat, 21
"Lei Anticoxinha" de Minas Gerais, 16, 105, 107
Lei Chico Anysio, do Ceará, 54
Lei da Copa do Mundo, 47
Lei Eleitoral, 102
Leôncio, Vinícius, 16
"Livro de Reclamações" do Rio de Janeiro, 83, 193-96, 198

M

Marília-SP, 70, 173
Mariana, Juan de (1536-1624), 21
Matinhos-PR, 92, 212-13
Mato Grosso do Sul, 50-51, 150-51
McLanche Feliz, 73
Minas Gerais, 105, 107, 109, 226, 232
Mineirão, 27
Mises, Ludwig Heinrich Edler von (1881-1973), 81, 97
Munger, Charles Thomas "Charlie" (1924-), 245

N

Novo Testamento da Bíblia, 41, 143

P

Paraná, 92, 212
Pelotas-RS, 49, 149

ÍNDICE REMISSIVO E ONOMÁSTICO

Pesadelo na Cozinha, de Érick Jacquin, 77
Petrópolis-RJ, 32-33
Peyrefitte, Alain (1925-1999), 15
Pinto Neto, Casemiro (1914-1983), 29, 123
Ponto Chic, São Paulo, 29, 123
Pouso Alegre-MG, 109, 232, 234

Q

*Que se vê e o que não se v*ê, O, de Frédéric Bastiat, 85

R

Rand, Ayn, nascida Alisa Zinov'yevna Rozenbaum (1905-1982), 15-17, 21
Revolta de Atlas, A, de Ayn Rand, 15, 21
Rio de Janeiro-RJ, 25, 34, 83, 93, 131, 133, 193, 197-99, 214-15
Rio Grande do Sul, 40, 103, 107, 140, 149, 225, 228
Riqueza das nações, A, de Adam Smith, 81

S

São Paulo-SP, 29, 36, 39, 41, 62, 64, 66, 77, 87, 89, 100, 135, 142, 162, 164, 167-68, 205, 207-08, 218-19
Smith, Adam (1723-1790), 81
Sociedade de Confiança, de Alain Peyrefitte, 15

T

Tácito, Públio Cornélio (56-120), 15-17
Taleb, Nassim Nicholas (1960-), 103, 244
"There is no such thing as free open bar", de Milton Friedman, 70
Transparência Brasil, 25

V

Vacaria-RS, 40, 140
Vargas, Getúlio Dornelles (1882-1954), presidente do Brasil, 98
Velho Testamento da Bíblia, 41, 143

W

Washington, George (1732-1799), 1º presidente dos Estados Unidos da América, 244

Acompanhe a LVM Editora nas Redes Sociais

https://www.facebook.com/LVMeditora/

https://www.instagram.com/lvmeditora/

Esta obra foi composta pela LVM Editora e pela Spress
na família tipográfica TW Cent MT e Playfair Display em março de 2021
e impressa em março de 2021 pela Rettec Artes Gráficas e Editora Ltda para LVM